北大人文课

博文　编著

吉林文史出版社
JILIN WENSHI CHUBANSHE

图书在版编目（CIP）数据

北大人文课 / 博文编著. -- 长春：吉林文史出版社, 2017.5（2018.1重印）

ISBN 978-7-5472-4202-5

Ⅰ. ①北… Ⅱ. ①博… Ⅲ. ①人文科学－通俗读物 Ⅳ. ①C49

中国版本图书馆CIP数据核字(2017)第116795号

北大人文课
BEIDA RENWEN KE

出 版 人　孙建军
编 著 者　博　文
责任编辑　于　涉　董　芳
责任校对　薛　雨
封面设计　韩立强
出版发行　吉林文史出版社有限责任公司（长春市人民大街4646号）
　　　　　www.jlws.com.cn
印　　刷　天津海德伟业印务有限公司
版　　次　2017年5月第1版　2018年1月第2次印刷
开　　本　640mm×920mm　　16开
字　　数　210千
印　　张　16
书　　号　ISBN 978-7-5472-4202-5
定　　价　45.00元

前　言

北京大学是一所屹立百年的高等学府，在中国乃至世界，北大都享有极高的声誉。人是精神的载体，说到北大，自然要说起北大的人和北大的人文精神。北大的人文气息仿佛少女脸颊上的红晕，历经岁月的渲染，愈加有韵味。从清末开始，这里诞生了无数的思想巨子、文化大家。

作为中国最具精神魅力的学府，北大英才辈出，堪称大师之园。百余年来，从北大走出了一大批优秀的学者、教授。早期的北大涌现出的杰出人物有蔡元培、陈独秀、李大钊、鲁迅、胡适、蒋梦麟等，这些人是北大的先驱，也是北大精神的奠基者。之后，北大又培养了冯友兰、季羡林、梁漱溟、林语堂、朱光潜、张岱年等学者。他们以各自的思想和行动，共同为我们构造了一个独属于北大的人文体系。

北大的人文气质不是物质的留传，而是一种灵魂的塑造和远播。一代又一代北大人传承和发扬着北大独特的精神气质和文化内涵，也彰显着自身与众不同的人生经验与生活智慧。他们广博的学识、闪光的才智与庄严无畏的思想，像一盏盏明灯，点亮我们的心灵，也照亮我们未来的道路。他们身上有太多值得我们学习的东西：勤奋、宽容、克己，等等。当然，更为重要的是北大人经过几年、十几年，甚至是几十年的思考而归纳出来的人生哲理。

当我们困惑迷茫之时，鲁迅会告诉我们希望总在前方；当我们缺乏信念之时，冯友兰会告诉我们各人的历史由各人写就；当我们陷入悲观之时，季羡林会告诉我们每个人的生命都各有其意义；当我们总是匆匆地生活，无暇顾及身边的事物之时，朱光潜会提醒我们慢慢走，要懂得欣赏生活之美……有一种光芒永不消逝，有一种精神永远留存。无数北大人以其博大的胸襟，为我们提供的是取之不尽、用之不竭的精神宝藏。不管我们处于何种精神状态，我们都能从他们所散发的智慧之光中，摘取一片我们需要的光芒，以驱散积存于我们内心的阴影，并且以另外一种眼光看待世界，看待现实生活带给我们的不如意。

因此，即使我们没有进入北大学习，即使很多先哲已经离我们远去，但是探寻大师们行走的足迹，倾听他们永恒的人文精神，我们就可以从他们丰富的人生经历中汲取智慧和力量，以帮助我们更好地经营自己的人生，从而能够拥有一份成熟、稳重和练达，悦纳世间百态，笑看人生风云。

《北大人文课》借助一流学府的智慧，深入探寻社会各个领域，让读者把握社会脉搏，沐浴人文气息，修养人生智慧。或许你无法抵达大师的思想境界，但是你却能从中寻找一盏指引你前行的明灯，抵达人生的豁然之境。

阅读本书，聆听谆谆教诲，汲取其人生经验和智慧，学会从容地面对生活中的各种问题，深刻地理解和把握人生，多一些得、少一些失，多一些成功、少一些失败，创造出属于自己的辉煌。

目　录

第一课　独立人格，北大人都有独立思考的精神

第二课　欣赏他人，以人为本，尊重他人的价值

第三课　重视自己，懂得顺应自己的真实内心

第四课　找准定位，直达目标，人生因定位而不同

第五课 坚守自我，不盲从才能与众不同

第六课 兼容并包，一个人的气度决定他的格局

第七课　忠实信仰，信仰是指航明灯，更是精神支柱

第八课　推崇理性，以理性面对生活的一切

第九课 内心向善，慈悲心方能度一切苦难

第一课
独立人格，北大人都有独立思考的精神

独立之精神包括独立人格、独立思考和独立判断；独立思考是标示自己个性的形式之一，这是一个习惯与思维养成的过程，并非人人都有，却可以后天训练而得。保持理性、中立和客观的态度看待问题，不附庸流俗，方能保持本色。

1. 天行健，君子以自强不息

古今中外，凡能成就一番伟大的事业，对社会有着突出贡献的人，无一不是自强不息、脚踏实地、艰苦奋斗的结果。

——皮名举

（曾任北大历史系教授，与钱穆并称“钱皮”）

“自强不息”，语出《易经·乾卦》：“天行健，君子以自强不息。”意思是，天（即自然）的运动刚强劲健，相应于此，君子处世，应像天一样，自我力求进步，刚毅坚卓，发愤图强，永不停息。自强不息，是要人们效法天地，在学、行各方面不断去努力。

世间沉浮如电光石火，盛衰起伏，变幻难测。如果你有天赋，勤奋则使你如虎添翼；如果你没有天赋，勤奋将使你赢得一切。同样，推动世界前进的人并不是那些严格意义上的天才，而是那些智力平平而又非常勤奋、埋头苦干的人；不是那些天资卓越、才华四射的天才，而是那些不论在哪一个行业都勤勤恳恳、劳作不息的人。

自强不息，不仅是一种做人的精神，更是一种做人的意志、一种做人的坚强斗志。古往今来，成就大事之人，无一不是自立自强的人。

一个人只有不依赖别人，能够自立才能够走向自强。一个人只有自强不息，才能够做到坚忍不拔，不畏困难与挫折，才能做到志存高远。

郑板桥，清代书画家。他的一生都以“难得糊涂”为准则，但唯独在教育后代方面，一点也不含糊！据史料记载，郑板桥52岁才有了儿子。在当时，郑板桥身为一县县令，有三百亩田产，家庭富裕。不过，对于儿子的教育，郑板桥一直秉承言传身教的准则，从不溺爱儿子。就连在自己病危的时候，也不忘教育儿子。

这天，郑板桥的病情恶化，所有人都在担心他，而他却让儿子给自己做馒头吃。此时，儿子就犯难了，馒头怎么做啊？为了满足父亲的最后一个愿望，儿子只得硬着头皮答应了。

儿子从来没有蒸过馒头，根本不知道从哪下手，只是站在那里干着急。后来，郑板桥又让儿子去找厨师，看看做馒头的步骤。不过有一个要求，那就是儿子必须亲手做，不能让厨师代劳。在厨师的指点下，儿子终于将馒头做成了，可郑板桥已经离世，没有亲口尝到儿子用心做的馒头。

儿子见此情景，悲痛欲绝。就在他再看父亲一眼的时候，猛然看见茶几上放着一张纸条，上面写着：“淌自己的汗，吃自己的饭，自己的事自己干，靠天靠地靠祖宗，不算是好汉！”

看完父亲最后的遗言，儿子终于明白为什么父亲临终前让自己亲手做馒头了，就是为了告诉自己今后一定要自力更生，自强不息！

郑板桥老来得子，按理说应该对儿子疼爱有加才对，可他没有那样做，而是言传身教，让儿子做一个自力更生、自强不息的男人。在中国，父母对孩子的溺爱，恐怕在全世界范围内都要首屈一指。不得不承认，这是人之天性使然。疼爱子女无错，但一定要有度，过分溺爱只会让孩子养成凡事依赖他人的习惯，从而让自己变得懦弱无能。

人生道路上，有人一路陪伴自然是极好的，但是这一路很长，别人包括父母也不可能永远陪伴自己左右。因此，我们应该自力更生，学会从自身力量的源泉中吸取动力，从而品尝到甜蜜的味道，这也是所谓的“自立者，天助也”。

现在的你，也许一无所有，但只要自强自立，总会有登及顶峰的时候。有志向的人，在成功的道路上可以战胜任何困难。换言之，成功的大门，永远都会为自立自主的人敞开。

相信吧！相信自己的力量，好好活在当下，不要在悲伤与痛苦中迷失了自己，只有自爱、自强、自力更生，人生的春天才更长久，更美丽！

2. 君子慎独

淡泊名利并不是拒绝名利，而是要以平常心对待名利。

——季羡林

（曾任北京大学教授，历史学家、思想家、作家）

古人云：“修身，齐家，治国，平天下。”修身排在第一位，而慎独便是修身的目标，这也是儒家提出的一种修身的概念。

春秋时期的鲁国，有一位名叫公仪休的博士，因为德才兼优而被选拔为鲁国的宰相。他刚正不阿，遵守法度，按章办事，杜绝“走后门”、拉关系。所以，百官都很尊敬他，学习他的品行。

公仪休担任鲁相以后，规定鲁国一切做官的人，不得经营产业、与民争利。他认为，做官的人，在大的方面已经得到利益了，而民众务农、务工、做生意，只取得一些小利，受大者不得再取小。因此，做官的人是不能兼做生意的。

公仪休喜欢吃鱼，有人就送鱼给他，他拒而不受。送鱼的人说："听说你喜欢吃鱼，为什么不肯接受我送的鱼呢？"

公仪休说："正因为我喜欢吃鱼，所以更不能接受你的鱼！我现在做宰相，买得起鱼，自己可以买来吃。如果我接受了你送的鱼却被免去宰相之职，那以后就买不起鱼了，这样的话，你还会再给我送鱼吗？这样一来，我还能再吃得到鱼吗？所以，收回你的鱼吧！"

"拒不收鱼"的公仪休或许会被现在社会的人嗤之以鼻，甚至觉得这样的人太迂腐，但在当时的年代，正是他们这种看似迂腐的品行征服了千千万万的人。从这一角度来说，公仪休可称之为"慎独"君子。他们在独处的时候，会有强大的自律心，不会被外界的东西所影响，从而违背自身的原则。

公休仪的自律并非毫无根据，公仪休明白了今日受鱼，则他日无鱼可食，有理有据地去节制自己的行为。所以说，慎独，符合先贤所教，防止有违背道德和损害心中本源的良好意念行为的发生，是一种智慧的表现。

"慎独"是衡量人们是否坚持自我修身以及在修身中取得成绩大小的重要标尺。做不做坏事，能不能做到"慎独"以及能不能坚持"慎独"，这都是考验自身的标尺。

慎独，仿佛是把自己的遮羞布掀开，扒了个精光，掏出内心晾在炎炎赤日之下，让众人都来看个清楚，是黑是白，是清是浊，是明是晦，绝无半点虚假。所以说，它是一种残酷的自我修炼方式。

慎独的人在审视自我的时候，就像是看到水晶玻璃制成的人，一眼就能看穿是否真的如自己所说般坦荡、善良、勇敢、正直。

司马光任宰相的时候，登门拜访者络绎不绝。为此，司马光在自家客厅里挂了一幅亲笔写的条幅：杜门谢客。条幅大意是：需要进谏言的，请上奏朝廷；想要指出他的错误的，请写信给他，他会认真对照反省；私事相求的，他会酌情处理，并且不愿意接待一有事就来造访他的人。

司马光为我们很好地诠释了“慎独”，他挂条幅的行为不仅谢绝了造访者，避免了可能发生的“公事私办”等问题，还凸显了自己的笃诚廉洁、正大光明。

“知人者智，自知者明。”睿智的处世方法就是“慎独”。人生在世，人前要正直，人后要正派，独处要正心。这就是“慎独”的延伸和内涵，“慎独”是时刻高悬在心灵上的一把利剑，这把利剑可以警示、勉励和磨砺自己。

3. 成功源于独立深入的思考

年轻人就是应该有梦想、有追求。年轻人就像一张白纸，每个人都可以在上面画出自我的东西，都可以有自己的创造。

——王志东

（毕业于北京大学无线电电子系，IT界领袖人物，新浪网创始人之一）

美国犹他大学的助理教授MattMight，曾经这样描述过博士学位的概念：“假如人类所有的知识是一个圆圈，圆的内部代表已知，圆的外部代表未知。那么在小学和初中阶段，你学完了圆心部分；在本科阶段，你找到了自己的专业方向；在硕士阶段，你在学业上继续前进；在博士生阶段，你接触到本专业最前沿的知识。这个时候你再深入思考，终于突出了圆的边界。这时，你才成为了博士。”在这个过程中，最关键的一点就是：要有深入学习的精神和独立思考的能力。

其实，不论是在学术领域，还是在现在的社会中，都需要

“一”字型的人才，也更需要“十”字型的人才。意思是：你不仅需要有广博的知识，更需要有深入钻研的精神和独立思考的能力。否则，你就只能走别人踩出的路，永远体会不到在广阔的新天地中翱翔的滋味。

如果你想自己独立思考，有一点是很重要的，就是：不能限于思维定势！

在古代，有一个科普作家叫阿西莫夫，他从小就很聪明，智商测试得分在160分左右，属于“天赋极高”之列。

有一次，他遇到一位熟悉的汽车修理工，修理工对他说：“嘿，博士！我给你出一道题，看你能不能答出来。”

阿西莫夫点头同意。

接着，修理工说出题目：“一位聋哑人想买几根钉子，就对售货员做了这样的手势——左手食指立在柜台上，右手握拳做出敲击的样子。售货员见状，拿来一把锤子，聋哑人摇摇头。很快，售货员就明白了聋哑人想买钉子。聋哑人走后，没多久又来了一位盲人。这位盲人想买一把剪刀，请问，盲人会怎么做呢？”

阿西莫夫不假思索地回答道：“他肯定会这样……”阿西莫夫伸出食指和中指，做出剪刀的开合动作。

看到阿西莫夫做出的手势，修理工大笑：“哈哈，答错了吧！盲人虽然眼睛看不见，但是并不是聋哑人啊！如果他想买剪刀，只要开口说‘我要剪刀’就行了，为什么还要做手势呢？在你答之前，我就猜测你不会知道这个答案，哈哈！因为你接受的教育太多了……”

很多人都知道：读书会使人明理有智慧。但为什么有些人却“越读越傻”了呢？其实，让人“读傻”了的不是书，而是这个人缺乏独立思考的精神和求异的思维。

中世纪时，有两个年轻人在纽约到波士顿的某个车站相遇。

一个年轻人听另一个年轻人要去纽约找工作，一脸惊讶地说："什么，老兄，你要去纽约？听说纽约人个个都很冷漠，向他们问个路他们都会向你收钱的！所以你还是不去的好！本来我也打算去纽约的，听了这件事以后，我就决定去波士顿了。你知道，波士顿人可是出了名的热情好客呢！"

年轻人的这番话并没有打击到要去纽约的年轻人，他反而觉得这是一个很好的商机，他想："既然指路都可以挣钱，那纽约的钱也太好挣了！"于是，他坚持自己当初的选择，踏上了去往纽约的路。

到了纽约之后，这个年轻人惊叹道：这里果然是发财的好地方！只要肯思考、多想办法，再用点力气，很容易挣到大钱。

就这样，这个年轻人在冷漠的纽约站稳了脚跟，成为了一个富有的人。再看看那个前往波士顿的年轻人，依然是一事无成。

从这个故事中，我们明白了：质疑绝对是锻炼深入思考能力的切入点。若没有疑问，就表示你还沉浸在懒于思考、只想听他人意见的懈怠状态中，甚至没有开动自己大脑的发动机；要避免从众行为，要有自己的选择和判断。从众行为只会让我们穿着同样的大衣，戴着同样的面具自欺欺人。没有自己的选择和判断，就不会有独立深入思考要去改变生活的勇气。

我们要敢于尝试，不要害怕失败和别人的目光。失败是成功的孪生体。成功源于失败，而失败奠定成功。只要敢于尝试，就没有思考不出来的真理。而要选择尝试，就一定不要害怕失败。别人的目光和失败，丝毫左右和影响不了你。

由此，我们总结出了：人们能够成功不是因为厚重的学识和基于道听途说的猜测，而是因为有求异思维和独立思考的能力。

著名学者培根曾经把三种不同的哲学家，形象地比喻为蜘蛛、蚂蚁和蜜蜂。在他的比喻里，盲目地堆积材料的求知识的方式为蚂蚁方式；主观的、随意创造体系的方式为蜘蛛方式；最好的方式是像蜜蜂一样，从花园里和田野里的花朵中采集材料，并用自己的一种力量来改变和消化这些材料。通过蜜蜂的消化、酿造，“蜜成花不见”，所以蜂蜜才比一般鲜花的甜汁甜美和精粹得多。他的这个比喻，也是一种自我消化和自我思考的能力。

在当今这个竞争激烈的社会，只有不断地、独立地、深入地进行思考，才能实现自身的价值，成为时代的主角。当面对庞杂的生活、工作的时候，才能随时保持清醒的头脑，取得常人难以企及的成就。

4. 提升自己的思考能力

我很赞赏北大博士生的一句话：不要致力于满口袋，而要致力于满脑袋。满脑袋的人最终也会满口袋，我是相信这点的。

——王选

（现任北京大学教授，现代著名科学家，中国高科技产业自主创新的先驱）

有一句话讲得好：“发动机只有发动起来才会产生动力，一旦停止，那么动力自然也就停止了。”思考也如同发动机一样，只有一直思考，才能给我们的工作或生活带来持续不断的动力。从某种意义上来说，正是因为思考的力量，人类才逐渐成为世界的主宰者。

或许有人会说，我是想思考，可是我根本就分不清楚哪些东西该思考，哪些东西不该思考！瞧，问题出来了吧！不管你能不能够分得清，只要犹豫，那也是一种思考。

这个“知识爆炸”的时代，对每个人的思考能力都提出了挑战。愈有思考能力的孩子，求知欲望就愈强，终身学习的能力就愈强，创造力就愈强。这种能力，使他能够与时俱进，备受社会的欢迎。

一次，美国电视台的著名主持人问一个七八岁的小女孩："你长大以后想做什么？"

女孩很自信地答道："总统。"

全场观众哗然。

主持人做了一个滑稽的吃惊状，然后问："那你说说看，为什么美国至今没有女总统？"女孩想都不用想就回答："因为男人不投女人的票！"全场一片笑声。

主持人又问："你肯定是因为男人不投她的票吗？"

女孩不屑地说："当然肯定。"

主持人意味深长地笑笑，对全场观众说："请投她票的男人举手。"伴随着笑声，有不少男人举手。主持人笑了笑说："你看，有不少男人投你的票呀。"

女孩不为所动，淡淡地说："还不到三分之一。"

主持人做出不相信的样子，对观众说道："请在场的所有男人把手举起来。"言下之意，不举手的就不是男人，哪个男人"敢"不举手？在哄堂大笑中，男人们的手一片林立。女孩露出了一丝轻蔑的笑意："他们不诚实，他们心里并不愿投我的票。"

许多人目瞪口呆。然后是一片掌声，一片惊叹……

这是一个典型独立思考的事例，女孩在没有任何人提示或帮助的情况下，凭借自己的判断和思考，对主持人的提问做出从容的回答。这种独立思考的能力正是许多孩子所欠缺的。

如果说思考是一种能力，那知识就是思考的必要工具。换句话说，如果没有足够的知识积累，就无法进行正确而有效的思考。

被誉为亚洲成功学权威的陈安之说："在我二十五岁重新创业的时候，立志成为世界顶尖的演说家，要有巨大的影响力，要帮助无数人成功。然而慢慢地，我发现在这世界上可以做到这些的人，比如说我的老师安东尼罗宾、世界销售冠军汤姆霍普金斯、世界第一名激励大师金克拉先生、世界潜能大师博恩·崔西，等等，他们每一天都在不断地阅读、不断地学习，在一年里至少阅读一百到两百本书籍。假如我在未来变得像他们一样，有如此大的成就，那我就必须做同样的事情。所以，从二十五岁开始，我每年读三百本到五百本书籍以上。只要当天晚上没有演讲，我就会开始学习、阅读。

“我每天在办公室里面，不断地训练业务员，告诉他们我以前在安东尼罗宾机构成为第一名的行销代表的原因——我每天站着打电话，打一百通陌生电话——这是别人不愿意做的事！

“有人说：‘陈老师你的演讲为什么讲得这样流畅？’——事实上，以前我每天对着镜子练习三个小时以上。

“在这个世界上，很少有人每天站着打一百通电话，很少有人对着镜子练习三个小时演讲，很少有人愿意去做别人不敢做的事情、做别人做不到的事情。”

从陈安之的言辞中，我们终于可以理解这句话：世界上只有百分之三的人可以称之为成功者。成功者之所以成功，是因为他愿意做别人不愿意做的事情，是因为他愿意做别人不敢做的事情，是因为他愿意做别人做不到的事情。

假如你没有做这三件事，那你可能就属于那百分之九十七了。假如你愿意开始做别人不愿意做的事情，做别人不敢做的事情，做别人做不到的事情，我相信下一个成功的人一定就是你！

当我们遇到难以解答的问题时，不要怕麻烦、以偏概全地敷衍了事，要试着进行深入而具体的思考，培养自己的逻辑思维能力。要弄清事物的构成因素，探究各因素之间的关系，如大小、因果、是非等。通过这样的训练，能让人们拥有更敏锐的思考力，认识某一事物时更加透彻和迅速。

除此之外，我们还要做一个敢于试验的人。不要沉迷过去，不要有“我们以前就是这样做的，我们现在也应该这么做”的偏执观念，要试图改变："我们怎样做才能比以前做得更好?""我们怎样改变，才能更有效地完成这些事?""我们如何在短期内完成一个长期目标?"……

从今天起，我们要打破固有的传统，走出"宅男宅女"的天地，去拥抱世界，去结交新朋友，感受从未感受过的东西，体验从未体验过的经历。总有一天，思考会伴随你，并且丰富你的人生。

5. 凡事多问一个"为什么"

无论古人今人或某个权威的学说，要深入钻研，过细咀嚼，独立思考，切忌囫囵吞枣，人云亦云，随波逐流，粗枝大叶，浅尝辄止。

——马寅初

（曾任北京大学校长，当代经济学家、教育学家、人口学家）

思考的能力很重要，这种思考不止限于自身的思考，还有对别人的提问，大家只有敢于对别人提问，哪怕是不耻下问，才能够提升自身的综合能力。

郑板桥在年少的时候，一天跟随老师到野外游玩。当他们路过一个小桥时，发现桥下有一具小女孩的尸体。

同学们看到小女孩的尸体都议论纷纷。这时，老师开口赋诗一首，诗句是："二八女多娇，风吹落小桥。三魂随浪转，七魄泛波涛。"

郑板桥听了以后，感到不太对劲，便发问："您如何知道这个少女是16岁？又怎知她是被风吹落小桥的？你怎么看见她三魂七魄随波逐浪翻转的?"

一时间，同学们屏住呼吸，郑板桥竟然质疑老师？而老师被他的问题难住了，有点尴尬，但还是故作镇定，反问："那照你的意思，诗如何作？”

郑板桥想了想，脱口而出：“谁家女多娇，何故落小桥？青丝随浪转，粉面泛波涛。”

听到这样的诗句，老师和同学们都竖起大拇指，称赞其才华。

事实上，正如郑板桥自己所说：“有学而无问，虽读书万卷，只是一条钝汉耳。”而他，也是这样做的。

随着人们的求知欲越来越强和知识面更广，一些人还因为“凡事多问一句为什么”帮助了自己，甚至为自己赢得了效益。

1473 年 2 月 19 日，哥白尼出生在波兰一个富裕商人家庭，后被舅父收养。在他 18 岁那年，舅父把他送进了克拉科夫的雅盖降大学。

克拉科夫的雅盖降大学是当时东欧传播资产阶级思想文化的重要基地，这里的资产阶级人文主义学派的教授，不满经院哲学的死板教条，在科学上有许多新的见解。

在这样的环境下，思想敏锐的哥白尼对天文学和数学产生了极大的兴趣。他钻研数学，阅读了大量古代天文学书籍，钻研了“地心说”和“日心说”，做了许多笔记和计算，还开始用仪器观测天象，头脑里孕育着新的天文体系。

在意大利留学的 10 年里，哥白尼还在学术气更活跃的帕多瓦大学学习。该校天文学教授诺瓦拉对“地心说”表示怀疑。

不过，这并不影响哥白尼，他认为宇宙结构可以通过更简单的图式表示出来。为此，他从诺瓦拉那里进一步熟悉了“地心说”和“日心说”，产生了关于地球自转及行星围绕太阳公转的见解。不仅如此，他还学习了医学和解剖学，获得了教会法博士学位。

经过很长时间的研究，哥白尼认为，太阳是宇宙的中心，地球是围绕太阳旋转的一颗行星。除地球外，还有其他行星，也在围绕着太阳旋转。

凭着这种敢于质疑的精神，哥白尼终于在1543年鼓起了勇气，决定反击“地心说”。他坚定地说：“我不会在任何人的责难面前退缩下来。如果有人对我的设想指责，我将不予理睬。我认为他们的判断是粗暴的，我会完全蔑视！”

可想而知，他受到了不好的待遇，人身遭到了闹剧般的嘲弄。但事实证明他的理论是对的。后来，他这种敢于质疑的精神也一直被现代人所推崇。

“凡事多问一句为什么”，这恰恰就是思考的源泉。如果每个人都能够像哥白尼，能够求真、求解，那人们也会少走一些弯路。相反，如果每个人都得过且过，不问缘由，那或许到了今天，还生活在混沌中，浑浑噩噩。往大的方面说，人们的生活就会十年如一日，甚至阻碍人类的进步和社会的发展。所以说，无论是为了自身的求知，还是为了国家的繁荣发展，我们都不妨抛去“不好意思”“害羞”“无所谓”“反正不会影响我”等想法，多问一句“为什么”。

6. 天上地下，唯我独尊

唯此独立之精神，自由之思想，历千万祀，与天壤而同久，共三光而永光。

——陈寅恪

（国学大师，清华四大哲人之一）

“天上地下，唯我独尊”在形容人妄自尊大、目空一切的同时，也从侧面说着足够自信的心态。在谈论自信之前，我们先来了解一下“天上地下，唯我独尊”的出处——一个佛教典故：

两千五百多年前，古印度有个叫迦毗罗卫国的小国，国王叫乔达摩·首图驮那，翻译成中文的意思就是“纯净的稻米”。因此，他有“净饭王”的称呼。天臂城善觉王的长女摩诃摩耶是净饭王的妻子，他们感情很好，但是结婚多年都没有生下一儿半女。直到摩耶王后45岁时才“偶然”怀孕，当时净饭王已经50岁了。

据说，摩耶王后之所以能够怀孕，是因为她梦见一头六牙白色大象腾空而来，从右肋进入了她的腹中。王后自怀孕以后，心情大好，不再忧虑与烦恼，从未发过脾气，她断绝了贪欲和虚伪的心情，只是每天到幽静树林和水溪旁散步。

古印度的风俗是妻子头胎必须在娘家分娩，且丈夫不可同行。所以摩耶王后在生产前，回到自己的娘家。在经过迦毗罗卫国和天臂交界处的兰毗尼花园时，她深感疲乏，就下轿到花园中休息。那里有一棵葱茏茂盛的无忧树，摩耶王后看见了，就伸手去抚摸树枝，不料却动了胎气，就在此生下了太子。

太子出生时，天空花雨缤纷，仙乐鸣奏，诸天神拱卫。一时间万物欣欣向荣，宇宙大放光明。两条银链似的净水从天空直泻，一条清凉，一条温暖，为太子沐浴。太子出生就能独自行走，每一步的脚下都有一朵莲花。在向东南西北各走出七步后，太子左手指地，右手指天，大声宣称：“天上地下，唯我独尊。”

紧接着，迦毗罗卫全国吉兆不断：河水由浑浊变清澈，花木繁茂，五谷丰登，世人相处和睦。与太子同天生的孩子，都母子平安，甚至连牲畜都十分健壮，没有一根杂色鬃毛。

净饭王知道王后半路产子的消息，不胜欢喜，立即带人带轿迎接王后和太子回皇宫。太子出生五天，净饭王请了众多学者来为太子取名。经过讨论，大家最终决定以乔达摩·悉达多作为太子的名字，他就是后来的释迦牟尼（佛教创始人）。

在这个世界上，一切的一切都要以“我”为根本、为主导，不必听命于任何人或任何所谓超乎人的神。因为“我”是最重要的，是独一无二的存在。每个人在追求更好的生活时都应该不受任何影响、任何牵制、任何牵绊，既不压制自我，也不伤害他人。试想一下，如果你真的摆脱了各种物欲、迷惑、膜拜和假象的束缚，那么就没有任何事可以控制你了。这不就是所谓的唯“我”独尊吗？如果你也有如此高的觉悟，那么就也对着天地大喊一声“天上地下，唯我独尊”吧！

如今的人，恰恰脱离了“天上地下，唯我独尊”的自信，而被一些外在的东西所禁锢，无原则屈从他人，从而被剥夺自主行动的能力；盲目附和众议，从而丧失独立思考的习性。慢慢地，人们就失去了一种霸气，一种自信，变得唯唯诺诺，小心翼翼。

有这样一则故事：

有一名失业的人，从没有一个工作做得长久。慢慢地，他就相信自己是个没用的人，开始自暴自弃。可与此同时，他又不甘心。某天，他跑去算命，想确定自己到底是不是一个平庸无用之辈。

算命先生掐指一算，当即确认：“你确实是一个平庸的、无用的人！”听到这话，他又开始怀疑起来：“人的一生，难道真的是早有定数？”

回家的路上，他开始思考：与其听信他人，不如自己求证！于是，他用仅有的积蓄，报名参加心理学补习班。通过学习，他意识到，像他这样的人社会上有很多，但一定要自己学会改变，学会自信起来！

在他的努力下，他不仅获得了事业的成功，还经常开导那些所谓的“平庸无用”的人。

这个故事告诉我们：不要对已定的现实去抱怨，而是要试着接受它，改变它。每一个生命都有它存在的理由，即便不知道它的理由是什么，我们也应该为之奋斗。因为，人首先得瞧得起自己，要有独立的精神和意识，这样才不会盲从，不会自卑，不会成为精神上的奴仆。

拿破仑说得好：不想当将军的士兵不是好士兵！当兵的话，

你就要奔着当将军去努力；做事业的就要奔着成功去。千万不要认为自己一辈子就这样了，行尸走肉地过一天算一天。不管怎么样，做人一定得有“天上地下，唯我独尊”的霸气，对自己自信起来。一个人如果自信、霸气一点，那些坏的事也会绕道走！

即便是在成功的道路上遇到坎坷，也不要退缩，不要气馁。要知道，即使人生的旅途上处处是荆棘，也一定要鼓起勇气，昂首向前。

7. 打破思维定势

我所说的话都是你所能了解的，但是我不敢勉强要你全盘接收。这是一条思路，你应该趁着这条路自己去想。一切事物都有几种看法，我所说的只是一种看法，你不妨有自己的看法。

——朱光潜

（著名学者、美学家、文艺理论家，曾担任北京大学文学院院长）

对于渴望成功的年轻人来说，打破思维定势是非常重要的！如果你希望变得更加优秀，希望获得梦寐以求的成功，就必须学着做一个打破固有思维、善于独立思考的人。相反，如果你不这样做，就会像下面故事中的这个年轻人一样。

一位年轻人对父辈创业的故事很是感动，并下定决心外出寻找财富。

他远涉重洋，在热带雨林中找到了一种会散发出香气的树木。然而，等到他把这种树木运回家乡，搬到市场上去卖，却无人赏识。为此，他感到很不理解，为什么旁边一个卖木炭的小贩生意兴隆，而自己的树木却无人问津？

为了改变这种现状，他也效仿小贩卖炭的做法，把香木烧成了木炭，挑到市场上去卖。果然，木炭很快就卖完了。令人遗憾的是，他烧成木炭的香木，正是世界上珍贵无比的“沉香”！只要切下沉香的一小块磨成粉末，价值就超过一车的木炭。

年轻人急于求成，不多思考，局限在固有的思维模式里，其结果肯定是失败。如果年轻人能够多等等，等着识货的人，那珍贵的“沉香”也不会如此贱卖。

从年轻人做生意的例子，我们得到一个教训：凡局限于某些思维中，不多加思考的人，结果总不会是好的。相反，那些成功的人，恰恰就是打破思维定势的人。

现代社会经济如此发达，任何工作都不是盲目和无序的。人们要想在工作中不断提高自己的能力，就要严格要求自己，通过不断地思考和总结来提高工作质量。

巴菲特曾经开出过接班人的条件，首先是要打破思维定势，其次是要情绪稳定，最后是要对人类心理以及机构法人投资行为有一定了解。这三个条件，正是巴菲特获取成功的三大基础。把打破思维定势列在第一位，可见巴菲特对此项品质的重视。

历史上这样的事例数不胜数，比如：瓦特小时候，看到火炉上茶壶的盖子被水蒸气冲开了，壶盖“吧嗒吧嗒”地抖动着。瓦特就想：“好怪，掀得动这么沉的铁盖子，那水蒸气想必很厉害吧？干吗不用来掀动更重的东西，干吗不用来转动车轮呢？”

对水蒸气冲开壶盖的现象，瓦特陷入了深思。经过多年的努力，他打破思维定势，成为蒸汽机发明家，使人类进入了“蒸汽时代”。

在中世纪，英法相互交战的时候，英国军舰就在水面上巡弋着，只要前来攻城的法军一靠近，就猛烈开火。法军的军舰远远不如英军的军舰，根本无计可施，法军指挥官急得团团转。

此刻，一位年仅24岁的炮兵上尉灵机一动，当即用鹅毛笔写下一张纸条，交给指挥官：“集中兵力攻占港湾西岸的要塞，夺取海角，然后集中大量火炮，拦腰轰击英国军舰，以劣胜优！”

指挥官一看，连连称妙。

果然，猛烈的炮火使英国舰艇无法阻挡。仅仅两天时间，原来把土伦城护卫得严严实实的英军舰艇就被轰得七零八落，不得不狼狈逃走。叛军见状，也很快缴械投降。

事后，这位年轻的上尉被破格提升为炮兵准将。他就是后来的法国皇帝——威震世界的拿破仑。

和许多卓越的人一样，拿破仑的成功在某一程度上是：在关键的时刻打破思维定势，开动了脑筋，为指挥官找到了突破困难的方法。打破固有思维的能力让拿破仑走上了一个有高度的新起点。他后来的每一步升迁，几乎都和打破思维定势、善于运用智慧突破困难的做法有关。

一个不会打破固有思维的人，总会对接踵而至的问题长吁短叹，而一个善于打破固有思维的人总能想到办法解决问题。由于打破固有思维，善于思考，牛顿成了最伟大的科学家之一，伽利略推翻了亚里士多德定律，哥白尼否定了托勒密的学说……

如恺撒大帝所说的那样：一个人的一生，会像自己所期待的一样。我们应该使自己具备独立思考的能力。换句话说，我们应该打破思维定势，才能为人类攀登高峰做出一次又一次贡献。

8. 自审，不跟随他人的节拍

你可以说自己是最好的，但不能说自己是全校最好的、全北京最好的、全国最好的、全世界最好的，所以你不必自傲；同样，你可以说自己是班级最差的，但你能证明自己是全校最差的吗？能证明自己是全国最差的吗？所以不必自卑！

——俞敏洪

（北京大学毕业生，新东方教育科技集团董事长兼总裁）

在现代社会中，人们生活压力大，生活节奏快。即使身心已经非常疲倦与焦虑，但抬眼看看四周，这个朋友换了新车，那个朋友换了新房，一种紧张的情绪就从心底弥漫上来，催着人们去努力、去奋斗，从步行变成了小跑，从小跑变成了奔跑，最后筋疲力尽，再道一声“人在江湖，身不由己”。

如果你觉得，自己快不认识自己，也搞不清楚今天是几月几日，或者是连续一个星期没睡过一个好觉时，那就到了要自审，调节生活节奏的时候了！

自审就是自己审视自己，就像宏阔壮美的高山大川审视饱经风霜的沧海桑田，就像浩瀚无边的大海审视广袤无垠的苍穹。

自审就是用灵魂的双手擦亮韧性的眼睛，让人生更加清醒，让自我更加亮丽。

审视闲适，你会发现空虚；审视痛苦，你会发现孤独；审视懒惰，你会发现沦落；审视无知，你会发现浅薄……所以说，只有审视自己才能发现自我，认识自我。

有人说：人生好比是一段不可预知的旅程，有平路也有急弯，最重要的是把握好自己人生的方向盘。如果把方向盘交给别人，那就等于失去了自我。

在生活中，我们经常听人抱怨：“我这简直是戴着镣铐跳舞!”他之所以有这样的感叹，就是因为他没有自主性。事实上，并没有人强迫我们把镣铐戴上跳舞，而是我们强迫自己，不由自主地跟随别人的节拍跳舞。

有这样一个故事：

一天，爱因斯坦的父亲和邻居进入烟囱维修，当看见前面邻居的身上全是油烟和灰尘时，爱因斯坦的父亲也以为自己浑身肯定也脏透了。于是，爱因斯坦的父亲就去河边清洗身体。而在当时，邻居看到爱因斯坦的父亲只是脸上脏了，身上没有脏，就误以为自己也是这样，所以自己只洗了脸。

结果，当街上的人看到依然脏兮兮的邻居，不由得发出了笑声。

爱因斯坦的父亲回家后，就给爱因斯坦讲了这个故事：自己才是自我审视的镜子，如果拿别人做镜子，永远照不出自己的样子！在今后的成长中，爱因斯坦一直记得这个故事，始终以自己为镜子，才照亮了自己的人生路。

试想一下，如果邻居没有拿别人当镜子，只要看一眼自己身上的脏，就能知道该不该洗澡了。这样，也就不会遭到街上人的嘲笑。所以说，自审真的很重要！盲目地跟随别人的脚步，所知道的结果并不一定是真实的！

在生活中，有很多人每天都做着自己不愿意做的事情，甚至将其当成了习惯，还美其名曰为了生存！更有甚者，让别人来主宰自己的命运，将自己的灵魂交付给了别人。这样的做法是愚蠢的！对于个人来讲，一个好的向导、一个好的价值观念、一个有责任的信念也会带领自己不断向前。要知道，把自己葬送的人只有自己，把自己解救出来的人也只有自己。古人也说："吾日三省吾身。"可见自审的重要性，自审的目的就是认清自我，拯救自我。

挪威剧作家易卜生曾说："人的第一天职是什么？答案很简单，做自己。"是的，想要实现自己的人生价值，就首先得做自己，认清自己，把握好自己的命运，愿望才能最终达成。

人生就像是一趟没有回程的火车，人生的意义并不是忙碌得停不下脚步，哐哐地跑到终点了事，而是要活着，要做人生的数学题，也要看窗外的风景；要朝前看，也需要常常回首审视自己。那些忙于工作、忙于赚钱、忙于奔命、忙得忘记了时间的存在，来不及静下心看风景的人，在他的生命突然到达终点的那一刻，难道不会有遗憾吗？

记住，人生需要自己买单，不要把责任推给任何人！而只有通过自审，让自己来掌舵，才能成为命运的主人。

9. 自强始于自尊

第一是自尊心的培养，特别值得注意。因为即以游侠精神而论，若缺少自尊心，便不会成为一个站得住脚的大角色。

——沈从文

（著名文学家、考古学专家，曾担任北京大学中文系教授）

自尊是自强的基础和前提，自强是实现自尊的结果和途径。什么是自强精神？自强精神是努力向上，奋发进取，是对美好未来的无限憧憬和不懈追求。它强调一个人在社会生活中，应当自力更生，要有一种在困难情况下知难而进的勇气和不屈不挠、顽强拼搏的精神。

那什么是自尊精神？自尊，也是自重，尊重自己的人格。自尊精神能够以国家和人民的利益为重，在任何逆境中都能保持自己的本分，在生活和工作中，能够以身作则、言行一致，以自己的道德人格来影响他人，造福社会。

一个能尊重自己人格的人，不管在什么环境下，一定会在事业中切实负责、兢兢业业，努力学习，严肃认真地履行自己的职责，把工作做好。世界著名的数学家华罗庚就是自尊自强，靠自己的努力奋斗成为誉满国际的伟大人物。

中学毕业后，家贫的华罗庚因交不起学费辍学在家。辍学后的日子，他没有放弃学习，一边帮着家里干活，一边如饥似渴地自学。由于身体和环境的问题，他患了重病，卧病床半年之久。痊愈之后，却留下了左脚关节变形的终身残疾。当时，他才 19 岁。

面对这突然而至的不幸，他迷茫过，也挣扎过。在那些绝望到看不见光亮的日子里，他想起了孙膑等身残志坚的名人。于是，他坚强地告诉自己：“古人尚能身残志不残，我才只有 19

岁，更没理由自暴自弃，我要用健全的头脑，代替不健全的双腿！”

接下来的日子里，他以超强的毅力，顽强地同命运斗争，与自己瘸了的腿抗衡，关节的剧烈疼痛没有让他倒下，他一边坚持做着家中的农活，一边利用夜晚的时间，忍受着病痛的折磨，自学到深夜。

1930年，他将历时几年所著下的论文发表于《科学》杂志，并惊动了清华大学数学系主任熊庆来教授。熊教授佩服他身残志坚、奋斗不息、顽强拼搏的精神，就将他推荐给了清华大学。后来，清华大学破例聘请他当了助理员。

面对着来之不易的机会，华罗庚倍加珍惜，他一边工作，一边在名家云集的清华大学里旁听着数学系的课程。用四年的时间，他自学了英文、德文、法文，发表了十篇论文。正因为如此的自强不息，才25岁的他就已经成为了闻名世界的青年学者。

华罗庚的故事告诉我们：不要因出身贫寒而感到自卑，更不要自甘堕落，而是要努力改变困境，不轻言放弃！换句话说，华罗庚的成功与他的自尊心有着密切的联系。如果他没有强烈的自尊心做后盾，接受现实，接受命运，那他就不会自强，更不会有机会走向人生的巅峰。

有一天，主人家举行晚宴，女佣要工作到很晚，她只好将四岁的儿子带到主人家。她很自卑，怕儿子知道自己是一个佣人，于是把儿子藏在卫生间里，并告诉他，他将在这里享用晚宴。

男孩在贫困中长大，从没见过这么豪华的房子，更没有见过卫生间。他不认识抽水马桶，不认识漂亮的大理石洗漱台。他闻着洗涤液和香皂的香气，幸福得不能自拔。他坐在地上，将盘子放在马桶盖上，盯着盘子里的香肠和面包，为自己唱起快乐的歌。

晚宴开始的时候，主人想起女佣的儿子。主人看女佣躲闪的目光就猜到了一切。他在房子里静静地寻找，终于，顺着歌声找到了卫生间里的男孩，那时男孩正将一块香肠放进嘴里。

主人愣住了，问："你躲在这里干什么？"

"我是来这里参加晚宴的，现在我正在吃晚餐。"

"你知道你是在什么地方吗？"

"我当然知道，这是主人单独为我准备的房间。"

"是你妈妈这样告诉你的吧？"

"是的，其实不用妈妈说，我也知道，晚宴的主人一定会为我准备最好的房间。"男孩指了指盘子里的香肠，"不过，我希望能有个人陪我吃这些东西。"

主人默默走回餐桌前，对所有的客人说："对不起，今天我不能陪你们共进晚餐了，我得陪一位特殊的客人。"然后，他从餐桌上端走了两个盘子。

他来到卫生间的门口，礼貌地敲门。得到男孩的允许后，他推开门，把两个盘子放到马桶盖上。他说："这么好的房间，我们一起共进晚餐。"

那天他和男孩聊了很多。他让男孩坚信，卫生间是整栋房子里最好的房间。他们在卫生间里吃了很多东西，唱了很多歌。不断有客人敲门进来，他们向主人和男孩问好，他们递给男孩美味的苹果汁和烤成金黄色的美食。他们露出夸张和羡慕的表情，后来他们干脆一起挤到小小的卫生间里，给男孩唱起了歌。每个人都很认真，没有一个人认为这是一场闹剧。

多年后，男孩长大了。他有了自己的公司，有了带两个卫生间的房子。他步入上流社会，成为富人。每年他都拿出很大一笔钱救助一些穷人，可是他从不举行捐赠仪式，更不让那些穷人知道他的名字。有朋友问及理由，他说："我始终记得许多年前，有一天，有一位富人，有很多人，他们小心翼翼地保护了一个四岁男孩的自尊。"

一个拥有自尊的人，才能拥有奋发向上的原动力，才能争做生活中的强者；一个拥有自尊的人，才能在遭遇不幸或身处逆境时，不轻易向困难低头，而是仍能保持积极进取的心态，与挫折顽强搏击，战胜困难。

美国石油大王哈默曾是一个落难者。一天，他和一群人来到一个小镇上。镇长给每个人发了食物，哈默却说："您这有活干吗？我干完活再吃您的饭。"

镇长说："没有。"

哈默转身要走。这时，镇长说："年轻人，愿意到我的农场干活吗？"

于是，他留了下来，并在20年后成为著名的实业家。

自尊的人才能自强。在遇到困难和挫折时，自尊的人能够奋发向上，自强不息，征服挫折和失败，在挫折与失败中获得成功。而丧失自尊的人，遇到困难和挫折时，往往自暴自弃。自轻自贱的人在遇到困难和挫折时，首先想到的是自己不行了，从而放弃了努力奋斗。没有自尊的人，是不可能在事业上取得成功的。

有位学者说："人活在世上就是为了呼吸。"呼与吸虽然连在一起，但各有一半含义：呼者，为出一口气！吸者，为争一口气！这一"呼"一"吸"中就包含了人生的境界和尊严。人有了自尊，才能自强。

10. 建立自己的优势

因一时的困难就哭哭啼啼的，寻死觅活，真是没出息！你手中还有一支笔，怕什么！

——沈从文

（著名文学家、考古学专家，曾担任北京大学中文系教授）

想要获得成功，关键要建立自己的优势，让自己的优势得到张扬，站立于天地之间，自强不息。《国际歌》中的歌词唱出天下自强者的心声：从来就没有什么救世主，也不靠神仙皇帝，要创造人类的幸福，全靠人们自己！

有这样一则小故事：

某个寺庙里有一个好心的老和尚。

一天，寺庙门口来了一个只有一只手的乞丐，想向和尚讨口饭吃。

出人意料的是，善良的老和尚并没有一口答应，而是指着寺庙门口的一堆砖头，对乞丐说："你可以帮我把这砖搬到后院去吗?"

乞丐很气恼："你不给我吃的也就算了，为什么要戏弄我呢？我一只手残疾，怎么搬?"

老和尚随即弯下腰，用一只手捡起一块砖，说："谁说不行，一只手也能搬!"

乞丐虽然有些不情愿，但无奈肚子饿，还是老老实实搬起砖来。整整搬了两个小时，他才把那堆砖搬完。

老和尚微笑着递给乞丐一些食物和钱财，乞丐感激地对他说："谢谢!"

老和尚说："你应该感谢你自己，这是你自己劳动得来的。"

乞丐说："我会回来报答你的。"说完，他深深地鞠了一躬，便离开了。

没过几天，又有一个四肢健全的乞丐来乞讨，老和尚带他去后院，指着之前那个乞丐搬过来的砖说："把砖搬到屋前，我就给你一些银子。"

"真小气，连口吃的都不给。"这位乞丐毫不犹豫地走开了。

小和尚不解，问老和尚："后院的砖头不是前两天才搬来的吗？为什么您还要叫他搬回去？您到底想把砖放在哪儿?"

老和尚摸摸小和尚的头，意味深长地说："砖放在哪儿不重要，重要的是看他愿不愿意去搬。"

几年之后，一个衣冠楚楚、举止优雅的有钱人来到这个寺院，向寺院捐献了一大笔钱。老和尚发现，他就是当年那个只有一只手的乞丐。他被老和尚点醒以后，发现了自己的价值，明白了只有付出才会有回报这个道理，并靠着自己的拼搏变成了富翁。

而在他们走出寺院时，看到一个乞丐在沿街乞讨。

老和尚一看，这竟是那个健康的乞丐。不过很可惜，几年之后他仍旧是乞丐。

老和尚对小和尚说："看到了吧，这是两个完全不同的结局，而始作俑者就是他们自己。命运是靠自己的手来创造的，至于做不做，跟有几只手没有关系。"

正如贾姆讷所说，能创造奇迹的人只有自己。这并不意味着人们要排斥那些帮助他们的人，而是说不能对他人抱有太大的奢望，更不能把自己的成功与否都赌在别人身上，否则带来的只能是失望。

像前文的小故事所述，富翁不是生来就是富翁，乞丐更不是生来便为乞丐——王侯将相宁有种乎？不劳而获的毕竟是极少数人，富翁之所以能成为富翁，是因为他们付出了辛劳和智慧。而那些只喜欢坐享其成，不肯付出的人，永远只能是乞丐。

正常人都是一张嘴、两只手，大家要学会的，是少用那张嘴去抱怨，多用那双手去付出。即便是像故事中的乞丐那样只有一只手，也要通过努力改变自己，打破窘境。你的手是你用来吃饭、立足于社会的最主要的武器。

诺贝尔曾经说过："生命是自然付给人类去雕琢的宝石。"自己的生活不如意，命运坎坷，那都是自己造成的，解铃还须系铃人。学会去雕琢自己的生命宝石——人，永远是自己的雕塑家，而你的作品——生活，雕琢得是好是坏，也全在你自己的掌握中！

上帝创造了亚当、夏娃，为他们造了一个没有烦恼的世界——伊甸园。上帝让他们管理和看守园子，可好景不长，亚当和夏娃受到撒旦的诱惑偷吃了禁果，犯了所谓的“原罪”，被逐出伊甸园，其子孙也要世世代代受苦。遗憾的是，人类的后代不知悔改，使得人世间的罪恶变本加厉。这让上帝非常后悔造了人，并且迁怒于其他物种，要一举消灭所有的动物，创造新世界。幸好，上帝是宽容的，他依旧给万物留下了一条活路。他教会了一个名叫挪亚的信徒制造方舟的方法，让他在大洪水来时逃生。挪亚通过方舟，装载了包括人类在内的各种动物，才使得物种没有被灭绝……

虽然这只是一个神话故事，但这个故事的背后蕴含着的深奥哲理也值得深思，那就是：能创造者即上帝。

有人会问：上帝把亚当和夏娃逐出伊甸园时，为什么他俩必须得离开呢？换成今天的说法解释——他们没产权，只有居住权。园子是上帝的，他想让你住你才能住，不想让你住你就得走人。在生活中，上帝是房东，亚当和夏娃不过扮演了房客的角色而已。

由此得出结论：人一定要做自己的上帝。被驱逐不能怪上帝无情，只能怪自己无能。这也从另一个方面说明，伊甸园的确存在，但是不能是别人的，只有自己的才是永远的，只有自己亲自创造的生活，才是有意义的。

第二课
欣赏他人，以人为本，尊重他人的价值

人人都渴望别人欣赏自己，可是要别人欣赏自己，首先要学会欣赏他人。在以人为本的社会里，懂得承认并尊重他人的价值，才能赢得属于自己的尊重。在欣赏他人的过程中，我们会自然而然地发现自己的缺点和不足，从而反省和提高自己，这才是双赢。

1. 多看他人的优点

大智者必谦和，大善者必宽容。唯有小智者才咄咄逼人，小善者才会斤斤计较。

——周国平

（北京大学毕业，著名哲学家、作家）

中国历史上最早提出的“以人为本”理念来自于《管子·霸言》，篇中论道：“夫霸王之所始也，以人为本。本理则国固，本乱则国危。”政治家发现此道理也可用在治国上。例如，齐桓公接受了管仲“以人为本”的理念，制定实施了一系列的利民政策，使得国富民强，最后争得了春秋时代第一个霸权。“以人为本”对于统治者而言，是追求统治稳定，向着强大进发；对于人们而言，更多的是一种人生智慧。

人们常说要以人为本，就是要大家能够懂得从别人的角度去看待问题，理解问题，多一点欣赏，少一点挑剔，就会发现别人最大的优点。

《西游记》里的师徒四人，每个人都有自己的优点，也都有自己的不足：唐僧，似乎他应该是一个完美的人，有理想、有抱负、组织能力强，但是从另一个方面看，又会觉得他唠叨、胆小怕事、缺乏主见；孙悟空是齐天大圣，惩恶扬善，聪明能干，能力强，忠心耿耿，总是能救大家于危难之中，但是，他刚愎自用，不服从领导，冲动，也是不完美的；猪八戒活泼好动，是整个团队的开心果，对师傅也最贴心，可以调动团队氛围，可是，他好吃懒做又好色；沙僧老实肯干，总是默默承担奉献的那个人，可是他为人呆板，不太变通，关键时刻只能等着大师兄来撑住局面。就是这样一个不完美的四人团队，最终经历九九八十一难，取得真经。

从管理者的角度来说，每个人都是不完美的，但更重要的是能从欣赏的角度去看待他们的优点，如果不完美的个人互相能够取长补短组成团队，大家都发挥所长，那么这个团队就不可限量。

《列子》里有这样一则故事：

有一天，秦穆公对伯乐说："您的年纪大啦，您的子孙中有没有可以派去访求良马的人呢？"

伯乐回答："良马凭借体形外貌和筋骨来鉴别，但是真正的好马在于其内在的神气。这股神气却在良马若有若无、似明似灭之间。想要得到天下稀有的骏马，必须能够发现马的内在神气，我的子孙不才，只能辨识良马，尚无人能够寻得好马。大王，我倒有一人选，请让我为您引见。他名叫九方皋，和我一起挑过担子、搂草、喂马，他相马的本领不在我之下。此人可信任。"

于是，九方皋被秦穆公召见，并被派去外出找马。三个月过后，他回来报告说："已经找到一匹好马，在沙丘那边。"

秦穆公甚欢，问："是什么样的马？"

九方皋回答："是一匹黄色的母马。"

秦穆公派人前去沙丘取马，回报的人说马是黑色公马。秦穆公很是生气，召伯乐来问话："你给我介绍的那位相马人实在是糟糕！连马的颜色和性别都不能区分清楚，他怎么能为寡人寻到骏马呢？"

伯乐自愧，长叹了一口气，说："九方皋相马竟到了这种境界！看来他比我高明不止千万倍啊！九方皋看马只看他所应看的东西，不看他所不必看的东西，只注意他所应注意的内容，而忽略他所不必注意的形式。他看到了马的内在神机，观察时，忽略其表面现象，而是看到它内在的精粹，忘记它的外表，洞察它的实质。像九方皋这样的相马，包含着比鉴别马本身还要宝贵得多的意义。"

后来，九方皋相中的马还是被送到宫中，秦穆公见后大喜，这果然是一匹天下少有的骏马。

伯乐相马如此，看人也是一样，不能只看表面光鲜，而是要重视一个人的内在和才智。

相貌的好坏并不能决定一个人的才华如何，面如冠玉不一定就才高八斗，鼠目獐头的人也不一定一无是处。

有一个著名的法师到朋友家做客。朋友很高兴，赶紧端出好茶来招待法师。可当把茶递上来的时候，却发现这只装茶的杯子有个小小的缺口。可是，这茶已经递到了法师的面前，要换也来不及了，朋友只得不好意思地说："大师，很抱歉，这杯子坏了一角。"

大师笑了笑说："我不去注意那坏掉的一角，我只看到这只杯子是圆的，但用无妨，无妨。"

每个人都是那只坏掉一角的杯子，每个人都有缺点和不足，从欣赏的角度去看待他人，而不是只看到缺陷，生活会更美好。

2. 是对手也是朋友，学会为对手喝彩

一个不愿意为别人鼓掌喝彩的人便已经是痴呆的开始。

——翟鸿燊

（北京大学客座教授，国学研究传播者）

人生在世，不仅需要朋友，还需要对手，甚至需要对手胜过朋友。喜欢下棋的人要有一个水平相当的对手，才能杀得酣畅淋漓；喜欢打球的人要有一个球技相当的对手，才能打得尽兴过瘾；比赛场上的运动员，要靠强劲的对手来激发斗志，爆发潜能；没有狮子，羚羊永远也不会跑得太快……

就是这些实力相当的对手，成为大家人生中的朋友，成为大家人生斗志的强心剂，不断地激励着大家提升自己，超越自己，鞭策着大家不断向前。

有这样一个故事：

从前，狼经常到一个牧场叼羊。为此，牧场主十分苦恼，用了整整一个冬季，请猎手围猎狼群。效果很明显，没多久狼就被清除干净了。

可令人想不到的是，狼没有了，羊群却开始流行疫病，大批大批地死掉，比遭受狼患的损失还大。这到底是怎么一回事？为了弄清楚这件事，牧场主请来医生防疫治病。不过，被治疗的羊群依旧没有得到多大的改善。

没办法，牧场主只得换另一个医生，希望看到不同的结果。最后，新来的医生得出了一个结论，请牧场主将羊群放回到附近的山里去。

牧场主觉得很纳闷儿，就问为什么。医生耐心地说：“狼群的存在对羊群有着天然的‘优生优育’的作用。狼的追逐，使羊群常常惊悸奔跑。也因此，羊群的身体十分健壮，而那些老

弱病残也被狼吃掉，从而杜绝了疫病源的传播。如今，狼群不在了，那羊群的免疫力就会越来越差，疫病源也开始传播……”

听到这里，牧场主才明白了，原来狼群对羊群的攻击，还有这样的好处。

这是一个真实的故事，十分耐人寻味。

在生物链中，狼是羊的天敌。没有了狼时常的攻击，羊本来可以无忧的，但却陷入了更大的灾难。现在，人类之所以保护生物，就是让生物链不致隔断，换句话说，就是让每种生物都有对手。

有对手，保持警惕，便不失活力。美国拳王泰森称霸拳坛，击垮一个又一个挑战的对手，却没想到胜利和鲜花带给他的是骄狂、麻木和纵欲，终至因罪下狱，美国舆论惊呼“拳王自己打倒了自己”。可见，视自己为对手，战胜自己，超越自己，是人生的十八盘，是最艰难的选择。

《三国演义》中有一个经典桥段叫“诸葛亮三气周瑜”。周瑜心胸狭隘，心里没有别人的位置，不允许别人占据他的舞台，更不愿意与人共同奋斗共享成果。他视诸葛亮为敌人，嫉妒诸葛亮的才能。看着诸葛亮胜出自己后，周瑜竟然怀着“既生瑜，何生亮”的怨恨吐血而死。

再看看诸葛亮的另一个对手——司马懿，论智谋能力，这人也许要比周瑜还要弱一点，因为他和诸葛亮每次争斗都是败得一塌糊涂。一个“空城计”在成为千古佳话的同时，又如何不是司马懿这个失败者的耻辱？可司马懿没有因此而感到耻辱，只是会说同一句话“吾不如孔明矣”。

如果是周瑜，大概要被气死无数次了，而司马懿活得豁达，能够承认自己与别人的差距，并且为别人的优秀喝彩。胸襟宽阔的人没有理由不成就大业。

人生中难免会遇到比自己强大的人，如果不能去欣赏别人，就无法正视自己。有时候，能够遇到一个出色的对手，对自己来说是一个难得的机会。学会欣赏别人的长处，才能取长补短，不断地提高自己。打败一个敌人不是最终目的，不断使自己强大才是奋斗的目标！对手，是实现成功的另一半。即使输给强大的对手，也不要觉得丢人，因为他让你看到了自己的不足。如果能像司马懿那样胸襟豁达，不贬低对手，而是把对手当成值得尊重的人，向他们虚心学习，这样的人，才是真正的君子。

美国经典电影《教父》中有这样一句经典台词："永远不要憎恨你的敌人，因为那会使你丧失理智。"

优秀的对手，既是敌人，也是老师，更是一起进步的朋友。尊重你的敌人，也是在尊重自己，当他们取得非凡的成就时，让自己保持君子风度，大方地伸出双手，真诚地为他们鼓掌喝彩！

在人生漫漫的征途上，对手是同行者，也是挑战者。对手能够唤起我们对事物的挑战冲动和渴望。失去对手，我们或许将失去一切。从这个意义上，我们不妨说一声："你好，对手。"为对手喝彩，为对手加油，鼓励对手越来越强大，也是对自己成长的一种激励和促进。如此美事，何乐而不为！

3. 功过辩证看，切勿片面看人

富兰克林说："有三个朋友是忠实可靠的——老妻、老狗与现款。"妙的是这三个朋友都不是朋友。倒是亚里士多德的一句话最干脆："我的朋友啊！世界上根本没有朋友。"这些话近于愤世嫉俗，事实上世界上还是有朋友的，不过虽然无须打着灯笼去找，却是像沙里淘金，而且还需要长时间的洗练。一旦真铸成了友谊，便会金石同坚，永不退转。

——梁实秋

（曾任北京大学教授，著名的散文家、学者、翻译家）

当我们的主观意识对一个人产生排斥，那无论他做什么事情，都会给予一种否定的和负面的评价，即使他身上有值得我们学习的地方，我们也会选择排斥他、远离他。但其实，这是一种误区！

评论一个人，切忌片面地去评价！无论敌友，我们都要用客观公正的角度去对待，过度推崇或贬低都不是明智之举。要知道，每个人都有着或多或少的优点，如果我们没有发觉，那就是我们缺少发现美、发现优点的眼睛。

培根曾经说过："欣赏者心中有朝霞、露珠和常年盛开的花朵。"的确，你看到别人是什么样子，那也是看到了自己。换句话说，欣赏了别人，就是欣赏自己。

人生在世，应该没有一个人不渴望别人欣赏自己吧！欣赏别人，在友谊、爱情、亲情中是一种理解，是一种沟通，是一种信任，是一种肯定。在人际交往中，欣赏别人，是一种让自己扬长避短的途径，是对对方的一种鼓励，一种鼓舞！

我们不经意的一句鼓舞，说不定对他人有着至关重要的作用。不信，来看看下面这个故事：

著名作家林清玄读高中时，被学校记了两次大过、两次小过，留校察看。在老师的评价中，他的学业和操行都是劣等，一张口就是失望和负面的信息。不过，也有一个人例外，那就是他的国文老师王雨苍。

王老师经常邀请林清玄到家里吃饭，甚至指导林清玄给同学们上国文课。王老师对林清玄说过一句话："我教了50年书，一眼就看出你是个能成大器的学生。"

就是这句欣赏的话，让林清玄感动不已。为此，他发奋努力，决心不负老师的厚望。终于，林清玄成了中国台湾地区乃至世界著名的文学家。

每个人的身上都会有优点与缺点，当他的缺点比较明显、优点不突出的时候，我们应该努力去挖掘优点，而不是把他的缺点批评得一无是处。

从林清玄的故事中，我们明白了：看待问题要用客观辩证的态度去对待、分析事情，不要因片面武断的决定，而否定一个富有潜力的优秀人才。只要我们有一双善于发现别人优点的眼睛，我们就会越来越完美。

或许是受到了“功过辩证看，切勿片面看人”的正面教育，林清玄也秉承这样的理念做人做事。

一天，林清玄路过一家羊肉馆，一位陌生的中年人跑过来热情地跟他打招呼，还说起20年前他们第一次会面的情景。事情是这样的：

当时，年轻的林清玄在一家报馆做记者，写一些关于社会新闻的报道。有一天，警察抓到一个小偷，报馆派林清玄去采访。警察向林清玄介绍：这个小偷犯了很多的案子，数不胜数，但这是第一次被抓到。一些被偷的人家几星期后才发现失窃，作案手法真是令人不得不佩服！

当警方拿出一沓失窃案的照片让小偷指认时，小偷一看屋子被翻得凌乱的照片，说：“这不是我做的，我的手法没有这么粗！”警察再问，小偷便接着说：“大丈夫敢作敢当！这不是我做的！”

看到小偷有这样敢于承认的态度，林清玄不由心生敬意，写了一篇特稿，文中欣赏地感慨：“像心思如此细密、手法这么灵巧高明、风格这样突出的小偷，如此专业，斯文又有气魄，真是罕见！如果不做小偷，做任何一行都会有成就吧！”

没想到，就是这句话影响了小偷的一生。如今，当年的小偷已经是中国台湾地区几家羊肉炉店的大老板了！这位老板诚挚地对林清玄说：“林先生写的那篇特稿，打破了我生活的盲点，使我想，为什么除了做小偷，我就没有想过做正事呢？”

如果没有林清玄当年对这名小偷的“欣赏”和期盼，恐怕就没有小偷如今的事业和成就。可见，不片面看人、懂得欣赏别人对人生多么重要啊！

从林清玄的经历，我们明白了：一句欣赏的话可以成为别人一生的阳光，尤其是穷途末路时的关怀、呵护和鼓励。一句欣赏的话犹如一团燃烧的烈火，能给人温暖，点燃自信，燃亮自尊，能让人在黑暗中看到前路的光明，从而使人奋发，积极向上，冲破阴霾，走出困境。

正如威廉·詹姆斯所说："人性中最深切的心理动机，是被人赏识的渴望。"我们都渴望得到别人的欣赏。欣赏与被欣赏是一种互动的力量之源，欣赏者必具备愉悦之心、仁爱之怀、成人之美的善念；被欣赏者也必发生自尊之心、奋进之力、向上之志。

在这个世界上，我们无法寻找到完美的东西，任何事物都存在着一定的缺陷。只要我们记住：每个人都有他闪光的一面，也有他暗淡的一面，只是程度不同而已。我们能做的，就是要以海纳百川的襟怀去接纳一个不完美的别人。

总之，我们不要用片面的眼光去看待别人，即使他是一个满身缺点的人。要知道，学会欣赏别人是每个人都需要的能力。我相信，只要我们学会去欣赏别人，别人和我们自己一定会变得更加完美！

4. 争执不如交流

"急不择言"的病源，并不在没有想的工夫，而在有工夫的时候没有想。

——鲁迅

（曾任北京大学讲师，无产阶级文学家、思想家、革命家）

俗话说，己所不欲勿施于人，但在生活中，人们常常忘了这个道理。不论你用什么方式表达出对别人的指责或否定，都会让对方产生不悦的心情。同样的道理，当被别人否定与批评时，相信你心里多多少少都会有些不悦，即使对方是一番好意，但由于对方的表达不当，会让自己觉得难堪、没面子，进而不想接受和采纳，甚至以恶言恶语相对待！

有时候，人们喜欢用主观意识去评断别人，例如别人做了某事和自己的设想有所出入，就会说对方错，这样的做法并不妥当！我们应该先将某件事好好分析，听听他人的解释，即使对方做得不是很好，也不要急于批判。

每个人都不是度量不凡的超人，更不是修炼到家的圣人。所以说，每个人都有着复杂的情感和情绪，在交流中很容易主观地去否定一个人，不经意间就会流露出偏见、傲慢和虚荣等。

在人们的心目中，都是渴望得到尊重，希望得到肯定和认同，一味地对其直接否定，只会让彼此的沟通形成一道鸿沟。

所以，当别人和自己意见不一样时，即使你觉得自己是对的，也不要急于否定别人，用强硬的语气和不友善的言语强迫别人接受你的想法和见解。此时，你只要将自己的理解和观点表达清楚即可。直接否定别人，那是对别人的智商、自尊心赤裸裸的打击，这种直面的攻击，只会让对方产生敌意，令他想要反击。

众所周知，庄子是一个非常聪明的人，想找到一个能够和他论道的人实属不易，这世上也只有他的好朋友惠施能够与他辩论。

惠施即惠子，著名的政治家、辩客和哲学家，是名家思想的开山鼻祖和主要代表人物。他和庄子是好朋友，经常聚在一起辩论。俩人虽然时常交锋，但是关系很好。

一天，庄子与惠施相约一起在濠水的桥上游玩。水里游来游去的鱼儿使得庄子心生感叹："小鱼儿真是快乐啊，无忧无虑地游来游去！"

惠子却不认同，反问道："你又不是鱼，怎么会知道鱼是不是快乐呢?”

庄子说:“你不是我,怎么会知道我不晓得鱼的快乐?”

惠子辩说:“是啊,我不是你,所以,我不知道你的想法,那么以此类推,你也不是鱼,你当然也就不知道鱼的想法了,这是同样的道理啊!”

庄子不甘,继续说道:“既然这样,那咱们从头说起,你说我不知道鱼的快乐,也就是你知道了我的意思,所以才这样质疑我。那么,以此类推,我在濠水的桥上也就能知道鱼的快乐了。”

两个人各持己见,争执不下,不断地依据对方的言论提出反驳。不过,双方只是表达自己的想法和观点,言辞中也保持风度,不急不躁,从不直接彼此否定对方,说对方说的是错误的,他们都是想以理服人、以德服人,而不是靠嗓门、靠耍赖。

也许正是因为君子的辩论方式,才会让两位一直成为好朋友,从来不会因为讨论某事而伤感情。惠子和庄子的这种友谊十分难得。惠子离世以后,庄子受到了很大的打击。当庄子路过老友的墓地时,不禁感叹道:“先生丢下我一人,从此我便再也没有可以好好辩论事情的朋友了,好孤独啊!”

人们总是自以为是地认为自己的想法才是“绝对真理”,对别人的意见不屑一顾。其实,真正的真理都是靠时间沉淀的,而不是一句对与错的评判话语。要改变别人的观念,不是一件容易的事情。不可能单凭一些理论、大道理就可以改变别人。

虽然人们有时候会沉迷于权威,但是涉及自身长期的认知或者利益时,都会有所保留。再者说,人都有一个自我保护意识,当你直接给予否定时,言语伤害也会启动人潜意识里的自我防御,就会不自觉激起对方的反抗和敌对情绪,这种情绪可以让一个人钻进牛角尖,不顾一切来对抗否定他的人。结果可想而知,那将是一场无休止且毫无意义的争执。

随着网络的发达，人们表达自己观点的途径越来越多，网络上、报纸上……口水之争处处可见。原本心平气和的讨论，变为唾沫横飞的辱骂；同一话题的分歧，成了互揭隐私的竞赛。然而，我们有没有想过：在批评别人的同时，是否想过自己做得好不好？

与其直接否定别人，不如尊重别人的意见，留给他认识错误的时间。与其与别人有失风度地争一个你死我活，不如保持像庄子和惠子那样的君子之风，互相尊重，礼貌地交流。

当脑海里浮现出“你错了”三个字的时候，我们要学会停下来，思考一下，换个委婉的表达方式，让对方容易接受自己的观点，彼此也可以保持良好的沟通。

当你抱有足够的诚意和尊敬时，人们就会乐于承认自己的错误，乐于接受你的意见。人际交往中，互相尊重很重要。总之，一个人要先自己做到友善，懂得尊重别人，才会得到别人的尊重和友善对待。

5. 尊重别人的选择

一个自己有人格的尊严的人，必定懂得尊重一切有尊严的人格。同样，如果你侮辱了一个人，就等于侮辱了一切人，也侮辱了你自己。

——周国平

（北京大学毕业，著名哲学家、作家）

古人云：“人各有志，不能强勉。”不要去干涉别人的选择权利，每个人都有自己的生活方式和思维方式，你不可能比他本人还要了解他。或许，他做出的每个决定都是经过深思熟虑的，我们只要尊重就好了。

如果我们以己度人，妄自揣摩，那就如同“鲁侯养鸟”一样了。

从前，有一只海鸟停留在鲁国国都的郊外，被发现的人报给鲁王，并说这是一只仙鸟，是天降祥瑞到鲁国。鲁王听后大喜，立刻派人去迎接海鸟，并请到宗庙里供奉。

鲁王为讨海鸟欢心，就让最好的乐手为海鸟演奏自己最喜欢的《九韶》，并准备了牛、羊、猪三牲全备的肉和最好的美酒供奉。海鸟不知道鲁王为何如此热情，终日惶恐焦虑，一块肉也不敢吃，一杯酒也不敢喝，结果三天后就死了。

人有人道，鸟有鸟道。这个故事告诉我们：要懂得尊重事物的规律，不要试图打破。如果我们只按照自己的想法，以自己的生活方式养鸟，那怎么可能成功呢？同样的道理，我们也不应该按照自己的想法和处境，去揣摩别人的心思，去评判别人的对与错。

我们不是别人肚子里的蛔虫，又怎么会懂得别人的真正用意呢？所以，当别人已经做出了选择时，你要做的只有尊重。任何人都有做出选择的权利，人们应该懂得尊重别人，因为这是修养的一种体现。

“尊重每一位学子的选择”也是北大的治学之道。在北大历届校长中，蔡元培和马寅初都是以“兼容并包，思想自由”著称。曾任北大校长9年的许智宏教授，也是以他们为榜样建立自己的管理指导思想的。虽然许智宏没有达到蔡元培和马寅初的高度和地位，但他堪称是“北大精神的良好继承者和掌舵手”。

在他任职期间，是北大建校以来最好的发展期，被称为“中兴北大”。有人说，这是因为许校长把自己看作是北大这个大家庭的家长，善于和大家沟通，尊重他人的意见和建议，而不是一个人高高在上地管理学校。他曾在校长室的门上挂了一个牌子，上面写着：“不必敲门，请进！”北大自由、平等的氛围在许校长的身上展露无遗。

有一次，北大理科班有一位非常出色的女学生，她成绩优异，还是学生干部。然而，她突然要转系，这让所有的系领导都很不理解。为了不对学校造成不好的影响，学校的领导就没有批准她转系。为此，女学生很苦恼，便给校长许智宏教授写了一封信，诉说自己对理科实在没有兴趣，自己所有的业余时间都在北大图书馆里面看文科方面的书籍，她希望转到文科去，却遇到了麻烦，希望许校长能够帮助自己。

许智宏校长读过信后，很理解女学生的心情，他认为：既然对理科没有兴趣，就应该按照她的意愿，这样才是因材施教。于是，他立刻叫来老师们，对他们说："为什么不让这个女学生转到一个自己喜欢的专业去呢？既然她不喜欢理科，就不要让她浪费这个时间学习不喜欢的东西……"

最后，女学生终于如愿以偿，转到了自己喜欢的科系。

身为北大校长，许智宏之所以能够为一个女学生转系的事情亲力亲为，就是因为他发自内心地去理解和接受别人的选择，甚至给予支持。北大在许智宏的改革之下，也愈加重视学生转系的请求，转系的比例，已经从原来的3%提高到了20%。以人为本，涉及每一个人教育的理念、教育的思路，这就是许智宏教授改革的主旨。他给北大学子留下了一种较为宽松的学分制度，为了降低学生们的压力，让他们有时间和空间去选择自己感兴趣的专业。

正如周国平所说：一个自己有人格的尊严的人，必定懂得尊重一切有尊严的人格。同样，如果你侮辱了一个人，就等于侮辱了自己。每个人都有选择的权利。请不要因为个人认为的建议而否定别人的选择，即使他的选择不一定是最好的。不论好坏，只要这个选择是出于自愿的，那对他来说，就是最佳的选择。

记住："子非鱼，焉知鱼之乐？"不要把自己的意愿强加于别人的身上，你并不知道这个选择对别人来说有何种意义。而在生活中，总是有一些人，打着“救世”的旗号来干扰别人的生活，或者也有些人打着“为你好”的旗号，来干扰别人的选择，这种做法不但是对别人生活的一种干扰，也是自己没有修养，甚至没有道德的一种表现。如果一个人完全以自己的喜好，将自己的意志强加于别人身上，那么只会让彼此之间产生摩擦和不悦。若只是一厢情愿，把自己喜欢而他人不想要的东西强加于人，则是对他人的一种干涉或侵犯。

为人处世应该顺应他人的意愿和本性，要知道，不同的人有不同的喜好和厌恶。我们应该互相尊重，待人处事应从他人的角度出发。人与人之间本来就存在着差异，我们不要将己之所欲，施之于人，这是一种干涉别人的独立人格和精神自由的行为。尊重别人的意愿和选择，尊重别人的活法，才是真正的尊重。只有懂得尊重别人的人，才会获得别人的尊重。

6. 善气迎人，真诚待人

处世的第二原则是“真心待人”，看到别人的优点，要真心称赞。看到别人的缺点，不要轻易指责。如果是熟朋友，要诚恳地向他提示，热心地帮他改正。

——徐光宪

（现任北京大学化学系教授，著名的物理化学家、教育家）

人与人交往中，学会真诚地关心别人是一种非常重要的社交方式。教育家徐光宪认为，“真心待人”是处世的第二原则。汉朝诗论家韩婴曾说：“伪欺不可长，空虚不可久，朽木不可雕，情亡不可久。”伪善者，骗得一时却骗不了一世，虚情假意的友善，不但不会赢得别人的好感，还会被他人贴上虚伪的标签。

庄子家境贫寒，时常食不果腹。一日，他找监河侯借粮。

监河侯却拒绝了庄子的求助，对庄子说："等我要到封地的租金，我借给你三百金。"

庄子闻言很是生气，不想借粮食给他也就罢了，竟然还用这种低劣的理由打发他，还装出一副关心的样子。直爽的庄子自然是不能忍受，聪明的他对监河侯说道："多谢监河侯慷慨。对了，我昨天在来的路上，听到有人呼喊，我便回头看去，你猜我看到了什么？原来是车轮印里有条鲋鱼在喊我。我就问它：'鲋鱼！你是什么原因来到这里的呢？'它回答说：'我是东海海神治下的小百姓，您看我现在离开了大海快要死了，您能不能救救我，帮我弄一点水来？'我当即回道：'好，我现在要去拜访吴越的君主，等回来的时候，就把西江的水引来救你。'鲋鱼很是生气，说：'我失去了维系我生命的水，很快就要死了，现在我只要一点水就能救我，而你竟然这样说。等你回来直接去卖干鱼的店里找我吧！'"

说罢，庄子便离去了。

可见，人与人之间交往的重要原则就是真诚。如果像监河侯这样根本不想借粮，却又不想落得个小气的名声，一副伪善的样子，是不会得到他人的尊重和认可的。给予人关心和帮助时，要出自真心，不能怀有目的或者虚言假意。关心他人与其他人际关系的原则一样，必须出于真诚。不仅付出关心的人应该这样，接受关心的人也理应如此。它是一条双向道，当事人双方都会受益。

赵威后在历史上以顾全大局闻名。一次，齐王曾派使者带着亲笔书信去问候赵国的赵威后。赵威后很高兴，亲自热情地接待了使者，并关心地询问使者："你们齐国今年的收成还可以吧？百姓们都安居乐业吗？你们大王的身体无恙吧？"

使者有些不悦，便说："臣奉大王之命特来贵国向太后您问好，您却先关心我国粮食收成和百姓的状况，而不是先询问我大王之安康，您这样先卑后尊，置我们大王于何地？"

面对使者的无礼，赵威后并未动怒，而是笑着回道："苟无岁，何以有民？苟无民，何以有君？"

赵威后就是触龙劝说的赵太后，她在应对齐王使者时表现出自己的宽厚。作为赵国的执政者，齐国向来是赵国的同盟国，必然要处理好关系。齐王派使者来问候，赵威后自然也要真心实意地关心下齐国，既道出了自己对治国的理念，也表现出了对齐王和齐国状况的关心。

赵威后"善气迎人"，以民本思想来勉励齐王，赢得了齐国的友谊。监河侯"恶气迎人"，所以庄子以"涸辙之鲋"讽之。也正是因为赵威后对他人的真诚以待，对待朋友或者盟友不是简单的搪塞，而是考虑良多，从对方的角度去给予帮助和关心，才赢得众人的尊敬和拥护，使得赵国即使处在风雨飘摇之际，也依然能屹立不倒，与强秦对抗却不堕威风。

"善气"是真诚、礼貌，是友善、关怀，是帮助、支持，是一切对待他人的友好的方式。因此，"善气"是训人修身立德、维持家庭和睦、国家秩序稳定的重要手段，也是文化得以传续、民族赖以生存的内在力量。

所以，无论是谁，无论身处何等地位，在与他人交往时，都应该秉着真诚的心去对待他人，这样的关心才是真挚的。俗话说"将心比心"，期望被人怎样对待，你就应该先同样去对待别人。

尊重别人并不难，拿出你的诚意即可。让别人看到你内心的想法，而不是戴着面具的微笑。以诚相待，才能得诚以报。

真诚是人际交往中最基本的态度，学会体谅别人是关心别人的最起码的条件。你只有真正明白他人的心理需求，别人才能更容易接受你的关心，更容易明白你的心思。当然了，关心别人对人对己都要讲究一个度，不是对他人一味地迁就就是好的，而应该把握分寸。如：在朋友真正需要别人的关怀和鼓励的时候，我们要及时伸出温暖的手。如果对方希望可以独立完成这件事或者不希望有他人知道状况时，我们最好不要去打扰。其实，尊重别人的隐私也是一种关心。对于朋友的要求也不应该是毫无选择地答应，应该量力而行。这样，才能让双方受益，维持良好的关系。

7. 莫轻视狂傲之人，他们往往才华横溢

对自己要从容，对朋友要宽容，对很多事情要包容，这样才能活得比较开心。

——海子

（毕业于北京大学，著名诗人）

在北大有着无数的怪才，他们才华横溢，却也秉性独特，甚至张狂自傲。但是这些奇特的个性，并没有影响他们取得过人的成就。

被鲁迅誉为革命者和大学问家的章太炎先生，是一个道德主义者，强调道德的力量。他反对社会对个人的压抑，主张个性的绝对自由；他行事高调，不畏惧权势，不拘小节。

在北大教书时，他身边经常有五六个弟子陪同，其中有马幼渔、钱玄同、刘半农等，这些人都是一时俊杰，大师级人物。

章太炎国语说得不好，乡音严重。于是，由刘半农任翻译，钱玄同写板书，马幼渔倒茶水，可谓盛况空前。章太炎常常对学生们说："你们来听我上课是你们的幸运，当然也是我的幸运。"尽管他的言语有些狂妄，但还是有很多的学生来听他的课，每每都是座无虚席。

章太炎满腹经纶，学富五车，授课有道，他的狂傲是一种真实率性的表现，而非吹嘘自我。其学生刘文典也许正是受到他的影响，也是一个非常有个性的人，他恃才自傲，狷介无比，是北大出了名的怪才。

刘文典如其老师一样，虽然恃才自傲，但是也有这个资格和资本——精通英、德、日、意等语言，学贯中西，尤精国学。不仅如此，他还当过孙中山的秘书，师从章太炎学《说文》，与鲁迅同为章氏弟子。

刘文典总是自负地说自己是最懂《庄子》的人，还口出狂言："在中国真正懂得《庄子》的，只有两个人。一个是庄周，还有一个就是刘文典。"刘文典每每在上《庄子》课时，总会自负地说："《庄子》嘛，我不懂的话，也没有人懂喽！"

刘文典不仅自视很高，还常常傲视他人。他总说"文学创作能力不能代替真正的学问"，因此对朱自清这些"才子"出身的教授都不放在眼里。即使是名噪一时的巴金，他也不放在眼里，当别人问他可知道巴金时，他喃喃自语道："我没听说过他，我没听说过他。"

刘文典在西南联大期间，听闻沈从文被提升为教授，十分不服，即使沈从文是自己的学生，他也毫不客气，嘲讽道："沈从文是我的学生，他要是教授，我岂不要做太上教授了吗？陈寅恪才是真正的教授，他该拿 400 元钱，我该拿 40 块钱，朱自清该拿 4 块钱。可我不给沈从文 4 角钱！"

刘文典的狂傲和癫言狂语流传甚广，却能被蔡元培聘为北大教授，这是因为刘文典虽为人狂傲，但是他的学问却让人挑不出毛病来。他曾立下了"一字之微，征及万卷"的治学格言。校勘古籍不仅字字讲究来历，就连校对他也从不假他人之手，甚至对在芜湖公学期间的老师刘师培都颇有微词，认为他考据之时，常凭记忆，不去翻阅经文，难免有所遗漏。

当然了，除了狂妄自大，他身上也有着很多很多的优点，比如他能看到自己的不足。年仅 27 岁，就担任了北大教授。在当时，与他共事的有朱希祖、胡适、刘半农等人。刘文典十分明白自己的学识浅薄，于是对于钻研学问方面丝毫不敢懈怠。后来，他还出版了《淮南鸿烈集解》和《庄子补正》等著述。

连提倡白话文的胡适都破例为他的《淮南鸿烈集解》写了文言文的序章，还称赞道：“叔雅治此书，最精严有法。”叔雅便是刘文典的字，该书出版后受到学术界的好评，刘文典的学术地位也大大提升了。不肯轻易誉人的陈寅恪也为其《庄子补正》一书作序赞曰：“先生之作，可为天下之慎也。”“此书之刊布，盖将一匡当世之学风，而示人以准则。岂仅供治《庄子》者之所必读而已哉?”

从这些故事中，我们可以明白：那些狂傲不羁的人，往往都是才华横溢的人。只有才华横溢的人，才有狂傲的资本和资格。他们的这些特性，也值得为后人所赞扬和学习。因此，当面对这样的人时，我们不应该过于苛刻，而是要懂得惜才，学习适合我们的，能够让我们自省或进步的东西。如果你想驯服或者结交一位狂士，最佳方式就是让他佩服你。在才华上压过他，在人品上让他尊敬，那是一件不容易的事！与其这样，我们不如谦虚一点，让对方感受到自己的真诚和真材实料。要知道，越是狂傲的人，越注重别人对他的态度，也越尊重别人的态度。

正所谓：“你敬人三分，人敬你一尺。”在日常生活或工作中，每个人都是渴望得到别人的认可和赏识的。如果有人对他们不敬，那他们便不屑与其交往。如果有人能够对他们真诚以待，懂得赏识他们，那他们也必将做出回报，同样以真诚对待对方，赏识对方。

8. 君子上交不谄，下交不渎

当那水打着一座石壁时，它自会绕之而行的；当那水流到了一所可爱的低谷去时，它自会在那里停留荡漾一下；当那水流到一所深深的山涧时，它便会经常留在那里；当那水流至激湍时，它便会直向前去。这样，一点也没有什么勉强或决定的目的，它一定有一天会流入大海的。

——林语堂

（曾任北京大学教授，著名学者、文学家、语言学家）

《周易》中有言："君子上交不谄，下交不渎。"在这里，先哲提出了一个重要的待人处世原则。意思是说，君子之交，是不以权势去衡量一个人的，不管是地位高高在上的达官贵人，还是平民百姓，都应该一视同仁，交往时不阿谀奉承，也不轻视怠慢他人，保持一颗平常心，不卑不亢，与之真诚相待。平等、真诚、互助正是与人相处的艺术！

而在现实生活中，有些人一味追求利益，"天下以势道交，君有势我则依君，君无势则去"，不要社会公德，抛却礼义廉耻，想要不劳而获，不择手段，以不正常的渠道获取最大利益。正所谓"人情似纸张张薄，世事如棋局局新""逢人只说三分话，未可全抛一片心"。

裴佶的姑夫在朝中为官，一直自命清廉，众人也认为他是好官。小裴佶也一直对姑父十分钦佩和崇拜。直到有一次，他亲眼看到姑夫受贿。

这天，小裴佶刚到姑夫家，正赶上姑夫退朝回来。姑父一边叹着气，一边感叹道："崔昭何许人也，众口竟然一致说他好。这其中一定有见不得人的勾当，这样下去，国家必衰。"裴佶的姑夫话音未落，门卫便前来禀报寿州崔刺史求见。

一听是崔刺史，裴佶的姑夫很是生气，呵斥门人立刻将崔刺史赶出府。不料，这位崔刺史竟然强行进入府内，拜见裴佶的姑夫。一开始，裴佶的姑夫一脸不悦，但没过一会儿，姑夫便礼数待之，命家人给崔刺史上茶，又热情款待崔刺史留在府上用膳，美酒好菜，甚是丰盛。酒足饭饱之后，裴佶的姑夫又亲自送崔刺史出府。

见此景，裴佶的姑姑不解地问丈夫："你不是很讨厌这个人吗，怎么突然如此谦恭？"裴佶的姑夫得意地走进屋门，挥手让裴佶离开这里。裴佶刚走出两步回头一看，便看到姑父手中的纸上写着：赠送粗官绸一千匹。

瞬间，姑夫高大而廉洁的形象在裴佶心里化为乌有。原来，这个口碑良好的清官，也是一位趋炎附势、贪恋财物的污吏。

裴佶姑父的前后态度的差距，淋漓尽致地诠释了一个贪官的罪恶丑脸。虽然趋炎附势可以换来一时的好处，但是这种方式是换不来真正和长久交情的。如果裴佶的姑夫不在朝中为官，没有任何权力，只是一个普通的老百姓，还会有人给他送礼，还会有人溜须拍马吗？

答案可想而知。

一次，苏东坡游莫干山时到一寺中小坐。寺中住持和尚见来了个陌生人，便淡淡地说："坐。"又对小和尚喊："茶。"

待两人交谈后，住持和尚发现对方脱口珠玑，就想：此人不是一般人。于是，他就邀请客人厢房叙谈。入室后，住持和尚客气地说："请坐！"又叫小和尚："敬茶！"

经过一番攀谈，住持和尚才知道原来客人就是赫赫有名的苏东坡，连忙卑躬屈膝地引他进客厅，连声地说："请上坐！"并吩咐小和尚："敬香茶！"

苏东坡临走时，住持和尚恳请他为寺中题副对联。苏东坡胸有成竹，含笑挥毫，顷刻书就：坐，请坐，请上坐。茶，敬茶，敬香茶。

随着苏轼"身份"的逐步"暴露"，住持和尚对他的态度也逐步升级，到后来近乎讨好谄媚。

苏轼有感于和尚的势利态度，开了个小玩笑，写下了"坐，请坐，请上坐；茶，敬茶，敬香茶"以为讽。相信住持和尚当时也明白了自己的不妥做法，而感到愧疚吧。其实，因人而改变态度的人从古至今都有，只是住持和尚做得太露骨、太典型。不巧地，他又遇上了风流才子苏东坡，这才为世人留下了这样一个意味深长的故事。

在《礼记·表记》中，有这样一句话："君子不失色于人，不失口于人。"用今天的话说，君子要注意自己的形象，一举手一投足都要有分寸，不能有失尊严，不能有失体面，即使是碰上了让人尴尬的局面，也要挺得住。其中包括交友时不谄、不渎的内容。

在俄国，乌克兰诗人谢甫琴科不拜沙皇的事也脍炙人口。

一天，应沙皇召见，谢甫琴科在御殿等候。御殿里聚集着不少文官武将和外国使节。沙皇一到，所有的人都弯下腰去，只有谢甫琴科岿然不动。沙皇见状，暴怒："举国上下，谁见我不低头?"

谢甫琴科冷静地回答："不是我要见你，而是你要见我。如果我也像周围这般人一样向你打躬弯腰，那你还能看得清我吗?"

谢甫琴科不卑不亢的态度，顿时让凶暴的沙皇无话可说。

像谢甫琴科这种"上交不谄"值得我们学习，面对权贵不卑不亢，不趋炎附势。除了做到"上交不谄"，也要做到"下交不渎"。

不过，"下交不渎"似乎就有点难了。宋人何坦曾有遗训，叫作"交朋必择胜已者"。按照这一框框，交友便只有"上交"，不得"下交"，这就连"不渎"也不复存在了。当然，这是不可接受的。如果人人都坚守"交朋必择胜已者"这一原则，那就谁也交不来朋友了。道理很简单，如果甲"胜"乙，乙"胜"丙，那么，乙不与丙交友，甲又不与乙交友，大家都不够"格"，哪里还有朋友可交？所以说，"下交"是难免的，人人只交"胜已者"是不可能的。

在生活中，有一些人，囿于旧的传统观念，瞧不起职位比自己低的人。在这些人面前，他们总是以领导者自居，似乎处处比别人高上一等。与职位较低的人交朋友，都会觉得是低尊屈就。所以，也就不可能有什么“下交”。还有一种人，他们主观上也想与职位比他低的人交朋友，但因为一张嘴就像“居高临下”发号命令似的，显得盛气凌人，人们对他避而远之。

这样，与普通群众交朋友的愿望是很难实现的。在这方面，罗荣桓元帅做得非常好，他身居高位，但在下级面前他的态度总是和颜悦色。即便是工作再繁忙，也依然会热情接待身为下级的朋友。

总而言之，为人处世应该做长远之计，而不是图一时之利，趋炎附势。只有一视同仁，不厚此薄彼，只有做到“上交不谄，下交不渎”，才能受益一生。

9. 张扬放肆常失信于人

敌人是不足惧的，最可怕的是自己营垒里的蛀虫，许多事情都败在他们手里。

——鲁迅

（曾任北京大学讲师，无产阶级文学家、思想家、革命家）

人们常说“出头的椽子先烂”。在为人处世方面，如果稍微获得一些小成就，便弄得人人皆知，过分张扬，那就相当于给自己埋下炸弹。过分张扬放肆的人，不但得不到别人的羡慕和赞叹，反而会处处树敌，引起别人的反感。

在生活中，有人常常会有强烈的表现欲，认为自己无所不能、无所不会，于是就处处显示自己的优势、本领。比如，有一点儿微不足道的小成就，便在众人面前大肆炫耀一番，唯恐别人不知道；偶然得到一件不常见的东西，就弄得人尽皆知；有一点权力，就表现出不可一世的模样。

有这样一个故事：

蝉和毛毛虫同住在一棵大树上。毛毛虫丑陋、平凡，除了吃就是睡觉。正因为这些外在的东西，蝉很瞧不起它。因为蝉有着高大的身材，浓眉大眼，身着黑色皮夹克，还会唱歌，于是，蝉就很骄傲，认为自己才配有精神追求，而毛毛虫简直就是太不起眼了，永远都没办法与他相提并论。

一天，昆虫界举行了歌手大赛，蝉一举夺魁。这件事让他更骄傲了，他高傲地走过毛毛虫的身边，而毛毛虫也没有当回事，继续自己的睡眠。

有一天，噩运袭来。当蝉正在唱歌的时候，一只饥饿的乌鸦听到了歌声，循声找到蝉的位置，趁其不备，将其吃掉了。

蝉被乌鸦残害的消息传遍整个树林，大伙都议论纷纷。此时，毛毛虫不由得感叹道："平凡一点、低调一点也没什么不好。"后来，大家就总结出了一个教训："蝉就是太张扬、太骄傲，这才引来了乌鸦的注意，从而得到了这样的悲惨下场。我们应该从蝉的身上汲取经验，要低调一点，虚心一点。不然，噩运迟早会到来的。"

生活中有很多像蝉一样的人，他们总是活在肆无忌惮的张扬中，其实早已被他人视为眼中钉和肉中刺了。如果不知收敛的话，长此下去，噩运肯定会到来的！

从心理学上说，过度张扬的人是因为不够自信，往往把一些不足挂齿的东西夸大，在行动上常常以显示自己的优势、表现自己的能耐作为行为准则。如果一个人有才能，就算是他不说，别人也会轻易地发现，从而更尊敬他的。相反，如果他自我感觉太好，自我炫耀多于实事求是，人们便会对他的言行举止报以不屑，甚至以厌恶的态度来对待。在人际交往中，过分张扬，过于骄傲，可不是一件好的事情。

东汉末年的杨修是个文学家，他不仅才思敏捷，灵巧机智，后来还成为“一代奸雄”东汉相国曹操的谋士，官居主簿，替曹操典领文书，办理事务。

有一次，曹操造了一所后花园。落成时，曹操去观看，在园中转了一圈，临走时什么话也没有说，只在园门上写了一个“活”字。工匠们不了解其意，就去请教杨修。杨修对工匠们说：“门内添活字，乃阔字也，丞相嫌你们把园门造得太宽大了。”工匠们恍然大悟，于是重新建造园门。完工后再请曹操验收。曹操大喜，问道：“谁领会了我的意思？”左右回答：“多亏杨主簿赐教！”曹操虽表面上称好，而心底却很忌讳。

有一天，塞北有人给曹操送了一盒精美的酥（奶酪），想巴结他。曹操尝了一口，突然灵机一动，想考考周围文臣武将的才智，就在酥盒上竖写了“一合酥”三个字，让使臣送给文武大臣。大臣们面对这盒酥，百思不得其解，就向杨修求教。杨修看到盒子上的字，竟拿取餐具给大家分吃了。大家问他：“我们怎么敢吃魏王的东西？”

杨修说：“是魏王让我们一人一口酥嘛！”在场的文臣武将都为杨修的聪敏而拍案叫绝。而后，曹操问其故，杨修从容回答说：“盒上明明写着‘一人一口酥’，岂敢违丞相之命乎？”

曹操虽然喜笑，但心头却很嫉妒杨修。

曹操出兵汉中进攻刘备，困于斜谷界口，欲要进兵，又被马超拒守，欲收兵回朝，又恐被蜀兵耻笑，心中犹豫不决，正碰上厨师进鸡汤。曹操见碗中有鸡肋，因而有感于怀。正沉吟间，夏侯惇入帐，禀请夜间口号。曹操随口答道：“鸡肋！鸡肋！”夏侯惇传令众官，都称：“鸡肋！”行军主簿杨修见传“鸡肋”二字，便教随行军士收拾行装，准备归程。有人报知夏侯惇。夏侯惇大惊，遂请杨修至帐中问道：“公何收拾行装？”

杨修说：“以今夜号令，便知魏王不日将退兵归也，鸡肋者，食之无味，弃之可惜。今进不能胜，退恐人笑，在此无益，不如早归，来日魏王必班师矣。故先收拾行装，免得临行慌乱。”

夏侯惇说：“公真知魏王肺腑也！”遂亦收拾行装。于是寨中诸将，无不准备归计。曹操得知此情后，唤杨修问之，杨修以鸡肋之意对。曹操大怒说：“你怎敢造谣言，乱我军心！”喝刀斧手推出斩之，将首级号令于辕门外。

杨修才华横溢，足智多谋，可为什么得不到曹操的赏识呢？原因在于，杨修太过张扬。对于曹操来说，杨修的过分张扬就是对自己的威胁。严格来说，杨修并非是目中无人之人，只是做人做事，不懂得适时地隐藏自己的锋芒，这才招致曹操的厌烦，最终丢了性命。

如果一个人因为自己才华出众而不知天高地厚，处处显示自己，很容易给自己带来灾难。俗话说：“人狂没好事，狗狂挨砖头。”谨慎做人是第一位的。即便你再有长处和智慧，也不应该处处张扬。

因此，我们要做一个虚怀若谷的人，要懂得聆听，这样才能令自己更招人喜爱，获得更多的智慧，从而走向成功。

10. 严于律己，宽以待人

做一个人，尤其是做一个君子，重要的是严格地要求和责备自己，而对人则采取宽容的态度，在责备和批评别人的时候应该尽量能够做到和缓宽厚，这样，自然不会招致怨恨了。

——傅斯年

（著名历史学家，曾担任北京大学代理校长）

傅斯年先生非常欣赏孔子所说的“躬自厚而薄责于人，则远怨矣”，时常拿这句话来自省。有时，他还解释这句话给其他人听：“做人，尤其是做君子，首先最重要的是要严格要求自己，对别人则要采取宽容的态度，在责备和批评别人时要尽量能够做到和缓宽厚，这样做，就自然不会招致他人的怨恨了。”

傅斯年先生为人耿直，嘴上好斗，而面对别人时，心却是柔软的。

一次，傅斯年与孔庚因中医提案问题发生争执，孔庚辩不过他，恼羞成怒，辱骂了傅斯年。傅斯年说：“你侮辱我，会散之后我要和你决斗。”散会之后，傅斯年果然将孔庚截住，摆出了一副决斗的架势，可见孔庚年逾七旬，又老又瘦，立马垂下双手说：“你这样老，这样瘦，不和你决斗了，让你骂了罢。”

只有自律才可以培养廉洁，也只有宽恕才可以做到仁德。宽以待人，就是得饶人处且饶人，只要不是原则性的问题，就别求全责备，哪怕别人有缺点，也要尽可能去容忍。人非圣贤，孰能无过，既然如此，就要学会去理解、去宽容。

“严于律己，宽以待人”的事例数不胜数，足以让当代的人引以为镜。《宋史·查道传》中说：北宋人查道为人淳厚，秉性正直，曾任宋真宗的龙图阁待制。有一次，查道外出巡察自己所管辖的地区时，见路旁有上好的甜枣，随从人员就从树上摘下来拿给了查道。查道要随从人员按价付钱，可不见枣树的主人，查道又急着赶路。于是，查道就按甜枣的重量，计算出甜枣的价钱，最后将应该付的铜钱挂在树上才离开。

一般来说，当官的人摘了一点甜枣不算什么。就算是枣树的主人在，也不会主动要钱的，更不会有人说这个当官的怎么这么贪心，连老百姓的东西也白拿！可查道却要按照枣的重量计算价钱，将应付的铜钱挂在树上，这种现在人口中的“小题大做”就叫自律。在人前人后同样严格要求自己，这样的人没有不被人称道的。也因此，这个故事流传至今。

有这样一个故事：

王旦是宋真宗时的太尉，为人厚道，心胸宽广，人们从未见过他发怒。家中下人想试探他的肚量，就把少许墨粉投入肉羹中。到了吃饭的时候，王旦只是吃饭不饮肉羹。当下人问他“为什么不饮肉羹”的时候，他淡然回答：“我有时候不想吃肉。”

一天，下人又在他的饭中投了点墨，王旦发现后，便说：“我今日不想吃饭，可以做点粥。”后来，王旦的子侄向他告状：“厨房里的肉被厨子偷吃了，我们吃不饱肉，请惩治他们。”

王旦问：“你们人均分配多少肉？”

子侄们回答说：“一斤。现在只能吃半斤，其余半斤被厨子偷吃了。”

他问：“吃足一斤能饱吗？”

子侄们回答说：“吃足一斤当然能饱。”

王旦说：“那今后每人分配一斤半就可以了。”

他总这样，从不揭发他人的过失。有一次，他家大门坏了，管事的家人连门房一起拆了换新的，暂时在廊庑下开了一扇门以供出入。王旦来到侧门，门太低，他低身俯卧在马鞍上过了门，对门的事不闻不问。大门修好了，重新走正门，对门的事还是不闻不问。有个驭马卒，年岁满了来向王旦辞行，王旦问：“你驭马多少时日了？”

驭马卒回答说：“五年了。”

王旦说：“我怎么不记得有你？”

驭马卒刚转身要离去，王旦又把他唤了回来问：“你是××吧？”于是赠送了一大笔财物给驭马卒。驭马卒往常驭马的时候，王旦只见过他的背影，不曾见过他的脸。因此，当看到驭马卒转身离去时的背影，王旦才省悟过来。

孟子曾说：一个有道德的人，在与别人的相处中，能够很好地关心别人，尊敬别人，所以，他也能够得到别人的关心和尊重。这也就是他口中的“爱人者，人恒爱之；敬人者，人恒敬之”。像王旦这样宽以待人，轻易就能化解很多矛盾。

而现今社会，每个人的个性都是张扬的，每个人都有很强的个体意识，每个人都有自己为人处世的行为方式和习惯，所以人与人之间的关系表现得非常复杂。尤其是朋友同事之间，相处时间长，抬头不见低头见，关系显得更加微妙。因此，严于律己，宽以待人，就显得很重要了！

“严于律己，宽以待人”既是一种待人接物的态度，也是一种高尚的道德品质，它能够化解人与人之间的许多矛盾，增强人与人之间的友好情感。同时，一个人如果能够养成“严于律己，宽以待人”的优良品德，就一定可以在同他人的相处中，严格地要求自己，宽恕地对待他人，不断地提高自己的思想境界，使自己成为一个道德高尚的人。

11. 每一个生命都值得尊重

从前在某个大学中有一位年轻的历史教授，自命“天才”，瞧不起别人，说这个人是“狗蛋”，那个人是“狗蛋”。结果是投桃报李，群众联合起来，把狗蛋的尊号恭呈给这个人，他自己成了“狗蛋”。

——季羡林

（曾任北京大学教授，历史学家、思想家、作家）

生命是平等的，没有高低之分。佛陀说：心、佛、众生三无差别。因此，每一个生命都值得尊重，哪怕是一棵小草、一根树苗。

关于平等，有这样一个故事：

有一次，佛陀外出宣传佛学，到了某城看到一个妇人在扫大街，她的衣服又破又脏，脸上和手上都是泥垢。当看到佛陀在远处，妇人自惭形秽，立即躲到了一个角落里。

佛陀想要度化她，于是就朝她走去，对她说：“你为什么要躲开我呢？一般人见到我都会很欢喜，情不自禁地想亲近我。

但你为什么把自己藏在角落里呢?”

妇人怯怯地说:“佛陀啊,我又何尝不敬仰您呢!可我如此卑贱,身上又全是泥土,我不敢接近您是怕污秽了您啊!”

佛陀慈悲地对她说:“你的想法是不正确的!在我看来,世上根本就没有脏和卑贱的人。你先回去沐浴更衣,再来听我讲经吧!”

妇人开心至极,虔诚地给佛陀下跪行礼说:“佛陀啊!难道我真的可以同别人一样去听您讲经说法吗?”

佛陀说:“是的,你尽管来就行了!”

此时,佛陀身边已经围满了人,其中有些自以为有身份地位的人,看到此情况,都觉得佛陀这么做有些贬低自己。

佛陀明白了那些人的意思,就对他们说:“清净实际上是指心的清净,而并不单指外表的清净。街道上为什么每天都这么干净呢?你们有没有想过呢?正是因为有她这样的扫街者啊!虽然她的身体和衣服是脏的,但是她的心地远比你们要清净许多。你们看到了吗?她无所求,她没有骄慢,她还是那样谦虚。”

佛陀又接着开导众人说:“你们以自己在社会上的地位而傲慢自负,瞧不起他人,不平等地对人,因此在你们内心,没有一点清净的地方。”

正在这时,一位容光焕发、衣着端庄的妇人向这边走来。佛陀问大家:“你们看看她是谁啊?”

众人都看出了她正是那位扫街妇。

佛陀说:“现在你们看看,她与你们又有哪里不同呢?”

生命是平等的,这一点并不因为身份的不同而不同,没有死生由命的悲观,没有高低贵贱的区别,生命是每个人的一种权利,而且是平等的权利。正如故事所说,就应该平等地对待每一个人,使社会变得更美好。

人本没有高低贵贱之分,这绝对是一个真理!大众心目中所谓的高低贵贱，要么是因为有些人自欺欺人，要么是有些人自轻自贱。

作为一个生命体，无论是一株小草还是一个微小的生物，只要有生命存在，都有自己的自身价值。不要轻视自己，更不要轻视他人的生命！因为，每个生命都值得敬重。

第三课
重视自己，懂得顺应自己的真实内心

有的人终其一生都未能找到自己人生的价值和意义，因为他从未静静地坐下来听一听自己内心真实的声音。我们过分看重别人对我们的价值评判，用他们的标准去划分自己的人生水准线，却失掉了赤真的个性。一个人首先要懂得顺应自己的真实的内心，才能找准属于自己的位置。

1. 保持自己的个性，做一个与众不同的人

一个人受不受人尊敬，完全取决于你有没有值得别人尊敬的地方。

——季羡林

（曾任北京大学教授，历史学家、思想家、作家）

一个人要想很快被他人记住，一定要有鲜明的个性和特点，如果成为碌碌之辈，就很容易被人忘却，甚至从未记住过。

有一个非常有名的文化人叫钱玄同，先后在北京大学、北京师范大学、燕京大学等处任教。作为一个教授，他有一个"陋习"，就是从不批改学生们的考卷。对此，各个学校都很无奈。在北大的时候，校方特意为他刻了一枚木质图章，图章上刻有"及格"二字。钱玄同每次把考卷收上来后，派送到教务处，让教务处统一盖上"及格"的图章，然后按照每个人的名

字分别记入学分档案。这个做法很是让钱先生满意和得意，并希望别的学校也能按照这个方法执行。在他到燕京大学兼课的时候，他就要求这样批改试卷。但是，他碰了钉子，校方将他送来的卷子原样退回，未能按照钱先生的意思执行。这让钱先生很是恼火，顿时也来了脾气，毫不退让，又将考卷原封不动地退了回去，校方很是生气，警告钱先生，如再次拒绝判卷，将按照校纪对他进行惩罚，扣发相当数额的薪金。

尽管如此，钱先生仍然没有让步，他立刻回信一封，言道“判卷恕不能从命，现将薪金全数奉还”，并将钱附于信内。钱先生的坚持，让更多人懂得尊重他的习惯与做事风格。

不要苛求所有人的认同，或者为了迎合别人改变。钱玄同的做法先不论好坏，但他这种授课方式却令人印象深刻。

换句话说，只要自己心中有底气，就不怕别人的不认同，结果有好有坏。但是如果不坚持自己的方式，最后只有一个结果，那就是随波逐流，被人忽视与遗忘。

“扬州八怪”之一的郑板桥，为官时因为开仓放粮救济穷人，被皇上撤了职。

于是，郑板桥乘船顺着大运河准备回老家扬州。一日，在归途中，他看到码头停泊着一条官船，桅杆上挂着“奉旨上任”的旗子，船上的恶仆要所有民船回避。这条船的主人叫姚有财，是朝廷一个大奸臣的儿子，此人不学无术，靠着父亲的实力，花钱买了顶乌纱帽。

郑板桥见此情形，实在看不惯，心想：“你奉皇上的旨意上任，我奉皇上的旨意革职。咱们都是‘奉旨’行事。你神气什么?”于是，郑板桥找来一面小旗子，书上“奉旨革职”四个大字，挂在小船上。

姚有财看到迎面有一只小船上挂着“奉旨革职”的旗子，很是奇怪，派人去打探。当他知道是郑板桥以后，立刻前去索要字画。郑板桥询问前来之人是谁，对方答是姚有财。看到他的这副模样，郑板桥心生妙计，挥笔写了一首诗：“有钱难买竹一根，财多不得绿花盆，缺枝少叶没多笋，德少休要充斯文。”姚有财接到这副字画后，气得不知道该如何是好。原来，郑板桥做的是藏头诗，把每句开头的第一个字连起来是“有财缺德”。

“一肩明月，两袖清风”的郑板桥，罢官回家只带了黄狗一条、兰花一盆。一天夜里，郑板桥辗转难眠，突然听到有小偷进来。郑板桥原想吓唬小偷，但自己又难以对付，于是佯装熟睡。可如果让小偷随意拿他的东西，又觉得不甘心。寻思过后，郑板桥心生一计。

这时候，小偷已近床边，他翻身朝里，低声吟道：“细雨蒙蒙夜沉沉，梁上君子进我门。”小偷闻声暗惊。

接着，郑板桥又喃喃自语：“腹内诗书存千卷，床头金银无半文。”小偷心想：“不偷也罢。”转身出门，又听里面说：“出门休惊黄尾犬。”小偷想：“既然有恶犬，为什么不逾墙而出呢?”正欲上墙，又听到郑板桥的声音：“越墙莫损兰花盆。”小偷一看，墙头果然有兰花一盆，于是细心避开，足方着地，屋里又传出：“天寒不及披衣送，趁着月黑赶豪门。”

正是郑板桥这种独特的行事风格和个性，让他的故事和字画流传至今，郑板桥坚韧的性格中带着幽默，不得不说他是名副其实的怪才。

现如今，有些人误以为个性是一种无知，是一种叛逆。其实并非如此，真正的个性是精神力量的升华。想要成为一个独特的人，就必须有自己的个性。这种个性不是伪装或者模仿的，而是从自己的内心散发出来的独特的气质与性格。

《竹石》中有言：“咬定青山不放松，立根原在破岩中。千磨万击还坚劲，任尔东西南北风。”司马光一生纵横官场，为国为民，始终有他温良谦恭、刚正不阿的个性在其中相助。其在《园樱伤老也》中写道：“个性泛舟，载纵载横。”屈原一生政治理想得不到伸张，不受国君重用，依然四处奔走呼号，甚至不惜以死明志。无他，高尚孤洁的个性使然，正所谓“美服患人指，高明逼神恶”，他的个性让自己不容于朝堂之上，也让自己名垂千古。

追求个性发展是人生永恒的课题，无论出于实现个人价值的目的，还是促进社会发展的需要，都应当立足于对自身的全面分析，有针对性地追求自我个性的充分发展，以便使自己适应社会选择。个性需自己掌控，过分突出或者过分压抑都不是上策，适当有点个性，又不显得突兀才适宜。

做一个与众不同的自己，做一个真正的自己。穷富也好，得失也罢，不过是过眼云烟，人生如梦，岁月无情，莫让人生短暂的几十年尽皆虚度。

2. 高贵的灵魂懂得尊重自己

人走路要昂起头，我一生都是昂着头的。

——林庚

（曾任北京大学教授。现代诗人，古代文学学者、文学史家）

要想得到别人的尊重，首先要懂得尊重自己。孔子曾说：“人必自侮然后人侮之，家必自毁然后人毁之，国必自伐然后人伐之。”意思是说：不自尊、不自重往往落得人皆辱之的下场，挥霍无度往往会让家业败亡，内乱往往会让一个国家衰落遭人灭国。不懂得自己尊敬自己，就是把自己往毁灭一途上推搡。

北大教授黄侃是民国时期著名的学者，学问大，脾气也怪，但深受人们的尊敬。他不愿意受陈规的束缚，对名誉问题极为重视。他曾经在中央大学任教，在当时，中央大学兼课的教授很多是社会名流，大都西装革履，进出洋车，最次的也是坐黄包车。而黄教授每次都穿着一件半新不旧的长衫或者长袍，夹一块青布包上几本常读书籍，且从来不佩戴校徽。

学校有规定：师生进出校门要佩戴校徽。黄侃不戴，就被门卫拦下要名片。黄侃说："我本人就是名片，你把我拿去吧。"于是两个人争执起来，后来没有办法，只好校长出来调解，门卫道歉，事情才算过去。

有一次下大雨，教授们纷纷穿着胶鞋，唯有黄侃穿了一双钉鞋，又称"木屐子"。这种"钉鞋"在乡下走烂泥路极佳，在城里走水泥路就不太合适了。放学时，雨停了，黄侃将钉鞋脱下，用报纸包起来夹在腋下，穿着便鞋准备离开。

出校门的时候，一个新来的门卫不认识黄侃，看他土里土气的，还拿了一大包东西，就将其拦下，上前盘问，要求检查纸包。黄侃当即放下纸包，扭头就走。

接下来几天，他一直未去上课。系主任以为其生病在家，立刻亲自登门探望。系主任见黄侃并无病而是在生气，不知道黄侃为什么生气了。不管怎么问他，他都一言不发。于是，系主任赶紧去把校长请了过来，再三询问之下，黄侃对校长说："学校贵在尊师，连教师的一双钉鞋也要检查，形同搜身，成何体统？是可忍，孰不可忍！"

听闻此话，校长立刻替门卫向黄先生道歉，无论如何道歉，也都不管用。后来又托名流们劝慰，但还是于事无补。此后，黄侃再也没去过中央大学授课。

黄侃教授的行为在今日看来，也许有些过分了，但他这种维护自我尊严的行为是值得我们学习的。中国人讲究谦虚，但不是轻贱自我，学会尊重自己，才能令人尊敬。纵观名士，凡受人敬重者，无不敬重自我。人只有对自己的尊重最真诚，也唯独自己尊敬自己才能赢得别人的尊敬。自我尊敬就是自尊，不向别人卑躬屈膝，也不容许遭人歧视、侮辱。自尊往往和自信捆绑在一起，没有自尊的人不会有自信。自尊是做人的灵魂，是自信、自强的支撑点。

东晋时期，诗人陶渊明的曾祖父陶侃是赫赫有名的大司马、开国功臣；祖父陶茂、父亲陶逸都做过太守。后来家境没落，在家庭贫困入不敷出的情况下，陶渊明仍然坚持读书写诗。在出任江州祭酒时，他关心百姓疾苦。由于看不惯官场上的恶劣作风，他不得不辞职回家。后来也陆续做过其他的官职，最后一次做官，是在朋友的劝说下，才出任彭泽县令的。

陶渊明上任不到三个月，又辞去官职。因为他在上任第八十一天的时候，遇到浔阳郡派遣督邮刘云来检查公务。此人凶狠贪婪，每年两次以巡视为名索要贿赂，如不从便栽赃陷害官员。县吏劝说陶渊明应当穿戴整齐、备好礼品、恭恭敬敬地去迎接督邮。陶渊明听此，叹道："我岂能为五斗米向乡里小儿折腰?"说完，挂冠而去，辞职归乡。

此后，他一边读书为文，一边躬耕陇亩。陶渊明淡泊功名，为官廉政，不愿与腐败官场同流合污，过着隐士的生活。

无论是"不为五斗米折腰"的陶渊明，还是"仰天大笑出门去，我辈岂是蓬蒿人"的李太白，中国文人始终有一种节气在此，就是任何境地都尊敬自己，也只有这样高贵的灵魂才能谱写出无数华美动人的篇章。

现实中，人与人之间的尊敬往往都带有功利性，唯有自己先懂得尊重自己，让自己变得强大，才能赢得别人的尊重。当然，这种尊重也要有个度，不要过于夸大自己，不容人言，目中无人，不要为了面子而坚持错误，甚至自以为是，演变成自大狂妄，那就适得其反了。正视自己的错误并能虚心改之，也是一种尊重自己的表现，是对高贵灵魂的塑造。

只有我们懂得尊重自己，维护自己的尊严，才能度化自己的灵魂，才能严于克己，因为只有自己的品行得当，才有资格去要求别人尊重自己。

3. 做自己喜欢的事情

书籍是思想文化的载体，每本书在内容上，必然会有其时代的局限性。我们在读书时，一方面要虚心体会，努力研求其中的深湛意蕴；另一方面还要有批评态度，要辨识前人思想的偏失。既要虚心，又要保持批评精神，才是正确的态度。只有在读书时勤于思考，加以分析去粗取精，去伪存真，才能在前人已经达到的水平之上有所前进、有所创新。若盲目迷信典籍，缺乏批评精神，只能使思想陷于停滞，那是不足取的。

——张岱年

（曾任北京大学教授，中国哲学史学会会长、名誉会长）

在我们追求梦想的时候，总是有很多阻碍，但是，也正是因为这些才让我们体会到：排除万难，去做自己喜欢的事情是那么美好，那么有意义。为自己的梦想努力，无论多么艰辛都是幸福的。这是为什么呢？因为当我们做自己喜欢的事情时，在内心和潜意识里，就会有一种很强的驱动力，激发出我们更多的能量，创造出更多的奇迹。

年轻时的谭盾，非常喜欢拉琴，他刚到美国的时候，靠拉小提琴赚钱来维持生计。

很幸运的，谭盾和一位黑人琴手一起找到了个黄金地段——银行门口，这里每天都有大量的人流来往，谭盾和黑人琴手每天都有不错的收入。

谭盾攒够了进入音乐学校进修的钱，便和黑人琴手道别。进入音乐学院后，谭盾拜师学艺，努力学琴，认识了许多大师和琴技高超的同学。在学校的那段时间，谭盾潜心学琴，音乐素养和琴艺得到了巨大提升。

谭盾经过不懈的努力，十年后终于成为一名知名的音乐家。

有一次，他偶然路过以前卖艺过的那家银行门口，发现昔日老友黑人琴手仍然在那拉琴。看着黑人琴手满足的表情，谭盾走过去和他打招呼，黑人很高兴地问他："嘿，谭！好久不见啦，你现在在哪里拉琴?"

谭盾说了一家很有名的音乐厅的名字，黑人琴手不禁问道："那家音乐厅门口人也很多吗?"谭盾小声说："还好，生意还行。"谭盾没有向那位黑人说明，自己早已不拉琴卖艺了，而是经常在那家著名的音乐厅中演奏。

十年的时间，让这俩人的境遇发生了天壤之别。黑人琴手和谭盾一样努力拉琴，只是黑人琴手围着自己那块赚钱的地盘，而谭盾选择了进音乐学院深造，选择了提升自己，也是选择了最适合自己的道路。

谭盾看到的不是街头卖艺一时间不错的收入，而是用街头卖艺的钱提升自己，才能实现自己的音乐理想，在全世界面前展现自己的琴艺。他的内心是追求世界的舞台，而不是街头那个角落。

智者曰："两弊相衡取其轻，两利相权取其重。"重视你内心的想法，才能找到最适合你的方式。

曾担任过北大讲师的鲁迅先生，早年间留学学医，想通过行医治病，将中国人身体变得强健。但很快，这个梦想就被残酷的现实粉碎。

作为一个弱国子民的鲁迅，在日本的时候，经常受到具有军国主义倾向的日本人的严重歧视。他们认为中国人都是"低能儿"，鲁迅的解剖学成绩是59.3分，就被他们怀疑担任解剖课的教师藤野严九郎把考题泄露给了他，这使鲁迅深感作为一个弱国子民的悲哀。

真正改变鲁迅想法的是一次课上，他看到课程幻灯片中，众多的"体格强壮，神情麻木"的中国人淡然地围观自己的同胞被当作俄国侦探处死，这让鲁迅深受打击，更让他意识到：

精神上的麻木比身体上的虚弱更加可怕！如果中国人思想不能觉醒，即使体格如何强壮，还不是被帝国主义者抓去杀头？还不是只能成为示众的材料和麻木的看客？病死多少人倒不是主要的，主要在于改变人们的精神，要唤醒人们，中国才能有希望。

改变他们的精神面貌和想法，就要从思想开始。思想文化能够提高人们的思想觉悟，能够把沉睡、麻木状态的人们唤醒，能够激发人们的爱国热情。鲁迅的选择是基于他爱国爱民之心，拯救民族命途之愿。

于是，鲁迅放弃了医学，决定用自己的笔尖代替手术刀来医治中国人的灵魂，用文字传播思想，唤醒民众。人民醒了，国家才有改变的希望。没过多久，鲁迅离开学校，前往东京，联络许寿裳等几个志同道合的朋友，筹办文艺杂志，开始了他的文学创作生涯。鲁迅的选择遵从了他内心的最大愿景，他选择了最适合自己的方式来拯救中国。鲁迅的人生转折点也在于此，弃医从文才有了后来的“民族魂”。

像鲁迅一样，任何时候都得遵从你的本性，做事、做人皆要从内心出发，不虚伪，不强求，按照本性来做事。即便到了现在，鲁迅大量的杂文和小说，也深深地影响着中国人民。这也是为什么他能够成为我国最伟大的现代文学家之一的原因。

宋代的大词人苏轼曾说：“古之立大事者，不唯有超世之才，亦必有坚忍不拔之志。”这种坚忍不拔的意志也表现在人的选择上，是否能够不盲目从众，是否能够遵从内心的本性。不为外界所动摇，不为艰难所恐吓。想要做一个有价值的人，应该做一名直面惨淡人生的勇士而不是沉迷于幻想的阿Q。

人生道路上，我们会遇到很多选择，每一种选择都有好有坏。所以，如何选择关键在于自己的内心，心中有了方向，就要坚持下去。因此，人要有自己的志愿和志向，应该有自己的追求，这样生活才有目标，生命才有意义。尊重自己的内心，不要因为困难等外在因素放弃自己的初衷。相信自己的能力，去实现自己的梦想，相信梦想的力量，终究能指引你到达那片光明之地。

4. 先找出自己的优势，才能确定属于自己的位置

我自己在生活上最爱野朴与自然，在艺术上却极醉心于格律与谨严，而我最大的野心就是要在极端的谨严中创造极端的自然。

——梁宗岱

（曾任北京大学教授，中国现代诗人）

成功心理学创始人之一、盖洛普咨询有限公司名誉董事长唐纳德·克利夫顿说过：在成功心理学看来，判断一个人是不是成功，最主要的是看他是否最大程度地发挥了自己的优势。

换句话说，如果一个人能够善于挖掘自己的优势，找到自己的位置，那么便可发挥出不可估量的能力和创造出巨大的价值!

著名学者胡适初到美国留学的时候，选修的是农业学。然而，30多种苹果树却难倒了胡适。30多种苹果树，花上了2个半小时，却只能分辨出20种，对此他十分烦恼。自知不是学农的料子，胡适决定学历史和文学。

塞翁失马，焉知非福?

后来，胡适取得了哲学博士学位，既发挥了他在文艺范畴内的优秀水平，又摆脱了他在农学院的尴尬境地。胡适学成回国，担任北大教授和参加新文化运动，矗立在舆论的顶峰，成为新文化运动领袖人物。

积极地挖掘自身的优点，激发出潜能，将优点最大化，进而就可以掩饰你的不足。而一味地去掩饰自己的不足，只会让

自己更加平庸，与其追求圣贤之才，不如追求圣贤之心。常言道：梅花优于香，桃花优于色。人和事物一样都有闪光的一面。

蔡元培先生学富五车、德高望重，曾任北大校长。北大藏龙卧虎，无论是教授还是学生，都是各方精英，如何处理他们之间的关系，管理好学校，对蔡先生来说是一个挑战。但是，蔡先生没有被难倒，而是做出了一番努力和成就。他先是开创了兼容并包的办学理念，创立教授治校的行政体系，又起用大批新人，以胡适、蒋梦麟为副手辅助管理。正是蔡先生的大胆革新，才创造了北大的黄金年代。

蔡元培先生知道自己的优点是德高望重，能够服众，于是他将自己的这些优点在北大校长之位上充分运用，扬长避短。在管理北大时，他主要统管大局和与当时的政府交流，把治校的具体问题交给他人，放权与他人，来调动和发挥他人的积极性和才能。此外，蔡元培也利用北大校长的身份让一大批有学之士能够在政治、学术舞台上展现自我，譬如胡适、梁漱溟，等等。

一个成功的人，一定具备这样的能力：懂得发扬自己的长处，规避自己的短处。曾经有人说过“人必须悦纳自己，扬长避短，不断前进”。汉高祖刘邦知人善用，招揽了不少能人志士为他打江山，手下将领更是各有过人之处。

一次，刘邦和众将讨论谁的统军本领最高，有人觉得是周勃，有人说是韩信，众人纷争不已。

这时，刘邦问韩信：“你觉得像我这样的，能带多少士兵？”

韩信立刻回答说：“陛下最多统领10万人。”

刘邦继续追问道：“那你又能带多少士兵呢？”

韩信毫不谦虚地回答：“我嘛，当然是越多越好。”

这让刘邦很是不悦，讥讽地问道：“哦，既然你有如此才能，甚至高过于我，那么将军你为什么却被我捉住，俯首称臣于我呢？”

韩信不慌不忙，机智地回答说：“陛下虽不善于带兵，但善于统领将领。而且陛下的能力是天生的，不是人们努力所能达到的。我等将领当然服从于陛下了。”

韩信这巧妙的回答，让刘邦立刻和言悦色，暂时消除了刘邦对自己的戒心。不仅如此，他还借此向刘邦推荐了自己的优点。“骏马能历险，耕田不如牛。”人各有志、各有所长，并无绝对的高低之分，只有能够认清楚自己的优点所在，把自己放到合适的位置上去，才可以让自己得以施展才能。

世界上的路有千万条，但最难找的就是适合自己走的那条。因此，每个人都应根据自己的特长来设计，自己量力而行，根据环境与条件，努力寻找有利条件；不能坐等机会，要自己创造机会；拿出成果来，获得了社会的承认，事情就会好办一些。中国现代诗人梁宗岱曾用这样一句话概括自己：“我在生活上最爱野朴与自然，在艺术上极醉心于格律与谨严，而我最大的野心就是要在极端的谨严中创造极端的自然。”

每个人都应该尽力找到自己的最佳位置，找准属于自己的人生跑道。当你的事业受挫，不必灰心也不必丧气，相信坚强的信念定能点亮成功的灯盏。

5. 放纵自己，等于放弃了自己

顽劣，钝滞，都足以使人没落，灭亡。

——鲁迅

（曾任北京大学讲师，无产阶级文学家、思想家、革命家）

老舍在《新爱弥儿》中曾说：“小孩子是娇惯不得的，有点小毛病就马上将就他，放纵他，他会吃惯了甜头而动不动地就装病玩。”一个人如果不加控制自己的欲望，甚至过分放纵，那么自己就会成为欲望的俘虏，被其所累。

在生活中，如果不是秩序管制或生存需要，人们很容易就会放任自己随心所欲。这样困扰人们的问题就出现了，一旦外界条件变得更宽松，可以到达让人们放任自己天性的程度，那么很多人都不可能忍得住放纵自己的欲望。

人的欲望是无穷无尽的，也许最开始只是满足了一个小小的欲望，但这会更加剧人们渴望满足欲望的程度，这样人们就会逐渐加大放纵自己的程度，继而丧失意志力，把自己深陷在欲望中，而且越陷越深。

同时，过分安逸的生活和过分舒适的环境，也会使人产生惰性，从而放纵自己。长时间放纵自己，人就会变得慵懒颓废，人生惨淡，个性平庸。

有一个成语叫“饮鸩止渴”，它的意思是当渴了的时候，没有水，就喝毒酒来解渴，结果丢失了性命。用这个词来比喻某人荒诞的生活，是再合适不过了。一个人如果看不到将来的忧患，只看到眼前的舒适，最终将走向灭亡。

唐玄宗李隆基继位初期，曾采取一系列有效措施促进唐朝的政治、经济、文化的发展，励精图治，并开创了强盛繁荣的“开元盛世”，这在中国历史上是流芳百世的。

然而，在开创盛世之后，唐玄宗就开始懈怠，整日沉溺于享乐之中，与美貌绝伦的杨贵妃穷奢极欲，享乐无度。后来，这种奢侈之风严重影响了正常的政治活动，一些官僚贵族借机巴结逢迎，纷纷献上珍异珠宝，美味佳肴，这也对经济产生了影响，社会一片混乱。最终引发了著名的“安史之乱”，战乱整整持续了八年的时间，使唐王朝由极盛转衰，唐玄宗最终也凄凉而死，后人众说纷纭。

《礼记》中说道：“享乐不可过度，欲望不可放纵。”一味地放纵欲望，贪图享受，不仅伤害身体，而且会使精神极度萎靡，丧失斗志，不思进取，从而导致事业荒废，生活困苦。

其实，每个人都是有一定的定力的，不会轻易地放纵自己，但是由于外界的诱惑实在太大，如果自我控制能力不强，就会很容易沉溺其中。

三国时，蜀国的刘备在驾崩之时，把皇帝的位置传给他的儿子刘禅，并请丞相诸葛亮来辅佐刘禅治理国家。刘禅有个小名叫作阿斗，他当了皇帝后，每天只会吃喝玩乐，根本不管事，还好有诸葛亮帮他撑着，蜀国才能一直强盛。可是，当诸葛亮去世之后，魏国马上派兵来攻打蜀国，蜀国不但打不过魏国，阿斗还自愿投降，带着一些旧大臣到魏国去当“安乐公”，继续过着吃喝玩乐的日子，完全忘记自己的国家已经灭亡了。

有一天，魏国的大将军司马昭请阿斗吃饭，故意叫人来表演蜀国的杂耍，想羞辱这些蜀国来的人。旧大臣们看到这些蜀国的杂耍，都非常难过，可是，阿斗却高兴地拍着手说：“好耶！好耶！真是好看耶！”一点也没有伤心的样子。后来，司马昭故意讽刺阿斗说：“怎么样，在这里过得开心吗？想不想蜀国呀？”没想到，阿斗居然开心地说：“此间乐，不思蜀。”意思是说：“不会呀！在这里有得吃有得玩，我呀，一点也不会想念蜀国呢！”

司马昭听了以后，在心里窃笑：“真是一个扶不起的阿斗呀！难怪会让自己的国家亡掉！”

俗话说得好：生于忧患，死于安乐。如果终日生活在安逸优越的环境中，就会逐渐消磨意志，使人沉浸在舒适的享乐中，最终一事无成。阿斗就是这样放纵自己，最终导致了国家灭亡。

放纵自己就等于放弃自己。放纵自己的后果每个人都心知肚明，只是贪欲的诱惑力实在太大，使人们常常迷失了自己，失去了前进的方向。殊不知，人活着，就不能放纵自己，如果一时疏忽，生命就会遭遇劫难。等到幡然醒悟时，才发现，自己早已经在不知不觉中丢失了。

在生活中，我们要学会自我约束，即便有放纵的机会，也要抵挡诱惑。远离浮华，守住底线，明白什么东西应该拥有，什么东西不应该拥有，想办法克制贪婪的本性，这样才能避免滑入深渊，才能实现自我。

6. 面对无关紧要的评价，要有点“充耳不闻”的智慧

忽略无关紧要的事，琐碎和世俗的事耗费了人们太多的时间，忽略那些无关紧要的事，才不会错过那些真正重要的事。

——翟鸿燊

（北京大学客座教授，国学研究传播者）

面对无关紧要的评价，要有点“充耳不闻”的智慧。这里所说的“充耳不闻”，并不是说堵住自己的耳朵，不去听外界的声音。一个人，只有专注于某事，不被外界干扰，才能够真正做好这件事。

当别人夸赞自己时，不要骄傲自满，要知道自己的不足；当别人诋毁、否定自己时，要保持自信、坦然面对。这样才是一个内心够强大的人，才不会纠结外在的东西，才不会被讥讽或批评击垮。

王濬是西晋名将，他巧用火烧铁索之计，大败吴军。国家又重新归于统一，王濬功不可没。对此，群臣很是嫉妒，编造谣言污蔑。

安东将军王浑说“王濬不服从指挥”，要求治罪，后又诬陷王攻入建康后，怂恿部下大量劫掠吴宫珍宝。王濬虽功勋卓著，但他深知污蔑的可怕，历史上功臣反被害死的例子数不胜数。当年，消灭蜀国、收服刘禅的大都督邓艾，就是在获胜之日被谗言害死的。他怕自己也落得如此下场，于是便一再上书，陈述战场实况，辩解自己的冤情。最后，晋武帝司马炎不但没有治他的罪，还力排众议，对他论功行赏。

对于这件事，王濬并未真正放下，每当想到自己立下大功却让那些大臣不满，还遭受谗言的诬陷，差点丧失生命，就感到气愤不已。为了发泄自己心中的不满并表明自己的劳苦功高，他每次拜见晋武帝时，都一再陈述自己在伐吴战役中的辛劳和被人冤枉的悲愤，有时候还言辞激愤，触怒了龙颜。

王濬的亲戚范通知道此事后，立刻劝慰王濬："你虽立下大功，但却没有做到最好。"

王濬十分不解，问道："你此言何意？"

范通解释道："如若你凯旋之日，退居家中，不多提伐吴之事，他人问你时，你能够多谦虚一些说'是皇上的圣明、诸位将帅的努力，我有什么功劳可夸的'，这样就不会遭人嫉妒，王浑将军也就不会诬陷你了！"

王濬惭愧道："您说得对！当日，我惧怕邓艾之事在我身上重蹈覆辙，便上书辩解，不过我不应该不断地计较于此，屡犯圣颜，这事情的确是我做得不好！"

后来，王濬按照范通的话去做，不再去争抢和辩解什么。很快，谗言就不辩自息了。

古人说："文武之道，一张一弛。"不要一听到不公正的评价就暴跳如雷，不要一听到一些拍马溜须之词就心花怒放。要学会保持一颗淡然的心态，不去"听闻"和在乎那些不公的指责，秉承"有则改之，无则加勉"的原则，从容地接受一切外来的声音。

尼采曾说：如果我们整天满耳朵都是别人对我们的议论，如果我们甚至去推测别人心里对于我们的想法，那么，即使最坚强的人也将不能幸免于难！因为其他人，只有在他们强于我们的情况下，才能容许我们在他们身边生活；如果我们超过了他们，如果我们哪怕仅仅是想要超过他们，他们就会不能容忍我们！总之，让我们以一种难得糊涂的精神和他们相处，对于他们关于我们的所有议论、赞扬、谴责、希望和期待都充耳不闻，连想也不去想。

由此可见，我们不应该过分在意他人的评价。一个人做得再好，也会有人说不好；一个人再不好，也有人赞好。别人说你好，你未必就真的好；别人说你不好，你未必就真的不好。有时候，好与不好，不能简单从表面来判断。

人生在世，我们总会听到别人对自己不同的评价，有人说出来的是对自己的赞美，有人说出来的是对自己的批评，有人说出来的是对自己的误解……面对这些看法，如果我们过分在意或关注，那痛苦和受到伤害的只能是自己。其实，别人一时的评价并不是对你的肯定或否定，只是对某件事或某个行为的判定。

总而言之，只有过分在意他人评价的人才会被外界的评价影响，睿智的人往往都会笑着面对批评。学习那些睿智的聪明人吧，对那些无关紧要的话，不管好听与否，都仿佛未曾听闻一般，不放在心上，继续按照自己的步伐，去追求自己的理想，做好自己应该做的事情！

学做一个“充耳不闻”的聪明人。淡定不是无怒，而是巧妙应对！与其多想，不如不想；与其多闻，不如不闻，千万不要庸人自扰。淡定不是软弱，而是虚怀若谷！

7. 人生最大的缺失莫过于失去自信

我想印个选集了，因为我看了一下自己的文章，说句公平话，我实在是比某些时下所谓作家高一筹的。我的工作行将超越一切而上。我的作品会比这些人的作品更传得久，播得远。

——沈从文

（著名文学家、考古学专家，曾担任北京大学中文系教授）

沈从文是一个非常自信的人。1923 年，刚刚 21 岁的沈从文怀揣着对文学的满腔热忱以及青春的梦想，从遥远的地方到京城来闯荡，加入到“北漂”的行列。他当时一下火车就被眼前城市的景象所深深吸引，他站在月台上很自负地说了一句：“我是来征服你的！”

要想在偌大的北京城立足并非易事，但他硬是凭借着自身的努力，站稳了脚跟，成为北京城的著名人物，实现了自己当初的抱负。假如没有自信，沈从文恐怕难以做到这一点。

凡是读过沈从文作品的人都能够看出，他的自信无处不在，比如他在文章《水云》中说：“一切花草既都能从阳光下得到生机，各自于阳春烟景中芳菲一时，我的生命也待发展，待开放，必然有惊人的美丽与芳香！”

又如他在《阿黑小史》的序里写道：“或者还有人……可以读我这本书，能得到一点趣味。”

他在《边城》题记里说：“这作品……也许尚能给他们一种勇气和信心！”

自信充斥着他的文章，自信充满了他的生活。可以说，自信是生命和力量，自信是奇迹，自信是创立事业之本！因为自信，毛遂脱颖而出；因为自信，关云长单刀赴会；因为自信，诸葛亮自比管仲。自信就是一种催化剂，它能让你的成功达到难以想象的高度。

面对生活，任何人要想活好并不容易。这不仅需要有坚韧不拔和持之以恒的精神，还要有信心。当做一件事情的时候，必须有决心，无论付出多么大的代价，都要努力把这件事情完成。当事情结束的时候，回首做事的过程，能够问心无愧地说“我已经竭尽所能了”。一个人只有有自信，才有可能成为一个成功的人。

在春秋时期，楚国有个叫卞和的人。相传，他在楚山中看到有一只凤凰落到一块石头上，人们说凤凰落过的地方有玉石，于是他捡拾到一块玉璞（即玉石坯子），把它奉献给了楚厉王。

厉王叫来辨别玉的专家鉴定，鉴定的结果却是这是一块普通的石头。厉王很生气，认为卞和在欺骗戏弄自己，就以欺君之罪砍掉了卞和的左脚。时间不长，楚厉王死了，楚武王即位，卞和就又把这块玉璞奉献给武王。

武王让专家来鉴定，鉴定的结果仍然说是石头，气愤的武王就以欺君之罪砍掉了卞和的右脚。后来，文王即位。卞和抱着玉璞到楚山脚下大哭，一直哭了三天三夜。眼泪哭没了，哭出了血。

楚文王听说后，就派人问他："天下很多人被砍掉脚，都没有这样痛哭，你为什么哭得这样悲伤呢？"

卞和回答说："我不是为我的脚被砍掉而痛哭、悲伤，我所伤心的是有人把宝玉说成是石头，给忠贞的人扣上欺骗的罪名。我相信我是对的！"

于是，楚文王就派人对这块玉璞进行加工，事实证明，果然是一块罕见的宝玉！后来，这块宝玉被命名为"和氏璧"。由于这块宝玉的珍奇，加之来历的不平凡，因此成了世间公认的无上至宝，价值连城。

卞和虽然因为自信经受了一些折磨，但最终还是得到了赏识。试想，如果不是卞和的自信与执着，可能和氏璧到现在还被丢弃在深山之中，无法面世。

懂得信任自己，是自信的表现，也是成功的资本。让别人看得起自己，不如自己看得起自己来得实在。没有自信，没有目标，就会俯仰由人，终将一事无成。

东晋时，前秦一直想吞并晋王朝。秦王苻坚亲自率领九十万大军攻打晋国，晋国派大将谢石、谢玄领兵八万迎战。力量对比悬殊，苻坚当然很傲慢，根本没把晋军看在眼里。可是，由于轻敌，先头部队的前锋首战便被晋军打败，苻坚慌了手脚。他和弟弟苻融趁夜去前线察看敌情，看到晋军阵容严整，士气高昂，连晋军驻扎的八公山上的草木，也影影绰绰的像是漫山遍野的士兵！苻坚很是惊恐。

结果可想而知。在淝水决战时，秦军被彻底击溃，损失惨重，秦王苻坚自己受伤，弟弟苻融也阵亡了。苻坚仓皇逃窜，途中他听到风吹树木的声音，以为是敌人追兵又到了，害怕极了。

后来，世人用“风声鹤唳，草木皆兵”来形容一个人不自信和惊恐的神情。其实，除了苻坚，韩信也是一个不自信的典型。

韩信从项羽那里跳槽到刘邦门下，一开始颇不得意，连夜当了逃兵，幸亏有个萧何月下追韩信，对他进行政策攻心，成就了韩信的一番伟业。如果当时韩信足够自信的话，会那样一走了之吗？

在楚汉之争那段时间，韩信本可以坐收渔翁之利，自立为王，鼎足六合，最后统一天下，但是他没有做帝王的勇气与自信，满足于做个诸侯，心甘情愿地依顺刘邦，最后也没混上个诸侯，反倒落个兔死狗烹的下场。

有史以来，没有任何一件伟大的事业不是因为自信和热忱而成功的。一心朝着自己目标前进的人，整个世界都会为他让路，相信自己能行，便会攻无不克。失去金钱的人，失去的东西很少；失去健康的人，失去的东西很多；失去自信的人，将失去一切。

8. 一个人首先要爱的人是自己

我坚定地相信，人在认识世界的同时，应当首先认识自己，并应当充满一种深刻的自我肯定的感情。自我肯定是成功之母，是自尊感的支撑，是一个人的荣誉感、名誉感、健康的自爱心的最强大的源泉。

——陈明杰

（北京大学 CEO 培训班毕业，Maxthon 创始人）

每个人都渴望别人的认同，在别人认同你之前，你是否认同自己、是否珍惜自己、爱过自己呢？爱自己是古往今来的圣贤们所宣扬的一种理念。《老子》有云："是以圣人自知不自见，自爱不自贵。"

有的人将"自私"与"自我"相等同，然而这是两个概念。"自私"是一种"自私"的表现，而自我是珍惜自我、肯定自我的一种自我认同的情感。人只有爱自己，才会接受自己，才会在自己难过的时候，懂得鼓励自己、安慰自己；只有爱自己，才会在自己不小心犯下错误时，勇敢地面对错误和改正；只有爱自己，才会在自己失败的时候，鼓励自己和肯定自己，让自己站起来，继续前进。

战国时期，战乱纷争不断，再加上天灾，许多人都流离失所，饱受饥饿。有一年大旱，齐国一连三个月都没下雨，庄稼全被晒死了。穷人们吃树叶、草根，甚至出现人吃人的悲惨事件。但与此同时，那些有钱的财主却丰衣足食。

那些挨饿的贫困的人，一个个走路都摇摇晃晃的，饥饿的样子真让人心疼。一个叫黔敖的富人对此却是幸灾乐祸的心理。为了满足自己的私心，他就想扮演一次"救世主"，来戏弄一下他们。

他用家里已经发霉的面做成窝头，在家附近的街边，见到过往的逃荒的人，就让一个人过去，傲慢地对他们叫着："叫花子，捡起来吃吧！"他最喜欢看到一群逃荒的人围过来，这时候，他就扔几个窝头，让他们像饿狗一样互相争抢，而他在一旁嘲笑着，觉得真是一件趣事。

一天，一个瘦骨嶙峋的饥民步履蹒跚地路过此处。黔敖对这个人戏谑地嚷道："喂！给，捡起来吃吧！"这位饥寒交迫、身体极为虚弱的男子，使劲全身力气，昂然坚决地说："不吃嗟来之食，饿死也要有骨气，您还是自己留着吧！"

说完，便继续向前走。

大学者方孝孺在《与讷斋先生书》中写道："违远日久，愿见之心甚于饥渴。冬寒，唯万倍自爱。"对于人生中一些不如意的事情，我们需要学会的是适应而不是迁就，与其追求做到爱人人和人人爱，不如先做到爱自己，从本心出发去看待世界。

生活中，总有人抱怨自己活得很累，对生活毫无激情，充满抱怨，情绪越来越负面，过得越来越不开心。这样的人太过压抑自我了，希望也随着偏激的思想而湮灭。这是一种不爱惜自己的行为。人生在世几十年，悲伤地生活是一辈子，快乐地生活也是一辈子。真正爱自己的人，能够正视自己，懂得体现自己的价值，造就自己美好的人生。

当然，爱自己并非没有节度，要宠而不溺，自强、自立、自尊、自爱；既能够欣赏自己，也适时地批判自己。吕坤的《呻吟语选·补遗》中说过："人不自爱，则无所不为，过于自爱，则一无所为。"一个人如果不自爱，将会什么事都干，包括坏事；一个人过于自爱，那么将什么事也干不成。我们追求自爱，但是不可过分，不可成为自恋、自私的人。

一个人懂得爱自己，才能激发出内心的潜在力量，让内心充满阳光，才能传递给别人正能量，那么别人才会爱你。也就是说，只有自己肯定了自己，别人才会肯定你。当然，一个懂得爱自己的人，也会明白什么是真的爱，才能够真正懂得去爱别人，从自身出发，从道心、禅心、本心出发，用善良去感化别人，一个对自己残忍的人怎么可能得到别人的认同？

总之，我们要正确地理解爱自己，把爱自己当成习惯，做真实的自己，这样，不仅能够收获颇丰，还可以轻松地享受生活！

9. 每个人都是被上帝咬过的苹果

即使是天才，生下来的第一声啼哭也绝不会是一首好诗。

——鲁迅

（曾任北京大学讲师，无产阶级文学家、思想家、革命家）

这个世界上没有一个人是完美的，任何人都有这样那样的缺点，但我们不能只看到自身的缺点而看不到自身的优点，否则就会对自己丧失信心。我们要做的是：努力改变自己的缺点，放大自己的优点，而不是总在抱怨自身的不足。其实，正因为我们有了那些缺点，才证明自己是一个活生生的人。

在我们身边并不缺少不够完美的人，每个人都有自己的“缺陷”：有的因为自己长得不够漂亮而苦恼，有的因为自己长得不够高大而郁闷，有的因为自己体形太胖而不开心，有的因为自己先天的残疾而产生自卑情绪……但即便是这样，也不能阻止我们成为一个优秀的人。

有句老话说得好：“金无足赤，人无完人。”我们应该认识到每个人都是被上帝咬过的苹果，即使存在一定的缺陷，也是一种“缺陷美”。

上天是公平的，他在给我们一个缺点的同时，也会给我们一个别人没有的优点。此时，不如换个思维：我们的劣势也正是我们的优势所在，如果我们可以正视自己的缺点，勇于接受不完美的自己，并且可以成功地把自己的缺陷转化为自己的优势，我们就会更客观地看待事物，从而更容易走向成功之路。

在小时候，梅兰芳并没有表现出过人的艺术天赋，相貌也平淡无奇，两只眼睛还有些近视，眼皮总下垂。眼睛既无法外露，又无法正视，看着一副无神的样子，见了陌生人还不怎么会说话。当时，梅兰芳的姑母用八个字形容他：“言不出众，貌不惊人。”

七岁时，梅兰芳还在家附近的一个私塾读书，由于读书并不是太用心，成绩自然也不是很好。

梅兰芳在八岁的时候，开始了戏曲生涯。在学戏之初，先生教了他很长时间，但他总是无法上口。先生见他学得太慢，觉得这孩子没有希望，就对梅兰芳说：“祖师爷没给你这碗饭吃。”说完，便拂袖而去，再也不来教他了。

从此之后，梅兰芳每天都勤学苦练——养了一群鸽子。每天把鸽子放飞以后，梅兰芳就观察鸽队飞行状况，训练新鸽子的飞行，不停地去轰赶停飞的老鸽子，时刻注意鹞鹰的突然袭击。无论是哪一个环节都不可以出问题，一定要用眼神注视蓝天中翱翔的鸽群。鸽子在天上盘旋，眼睛也要跟着运转。鸽子越飞越高、越飞越远，眼睛也需要越望越远。时间一久，梅兰芳终于把眼皮下垂、运转无神、见风流泪的眼病给治好了。

经过努力之后，在1911年北京举行的京剧演员评选活动中，梅兰芳名列第三。1913年，他初次到上海演出，就让剧场门庭若市。初到上海就风靡了整个江南，当时在上海有句俗话："讨老婆要像梅兰芳，生儿子要像周信芳。"

梅兰芳综合了青衣、花旦以及刀马旦的表演形式，创造了全新的唱腔，形成独具一格的梅派。1915年，梅兰芳大量排演了新剧目，在京剧唱腔、念白、舞蹈、音乐以及服装上都进行了独树一帜的艺术创新，被别人称为梅派大师。

在学戏之初，梅兰芳并没有天赋，甚至被老师认为不适合这一行。但是经过努力之后，这个"被上帝咬过的苹果"创造了奇迹，成为了大师。

我们总认为优点或者缺点都是上天给的，命运也被老天安排好了。其实不然，我们的人生、我们的成败、我们的输赢，从来都不是上天安排好的。所有的一切取决于我们做怎样的选择。我们应该正视自己的不足，包容自己的缺点，敢于挑战，勇于前进，这样才可以拥有精彩的人生。

如果我们只是为了自身的缺点整天抱怨，就算身上有再多的优点也看不到。看不到优点就不敢前进，以至于一生都庸庸碌碌，无所作为。

因此，我们需要做的不是守着自己的缺点自卑，而是努力弥补自己的不足。只要够努力、有自信，我们完全可以把劣势转化成自己的优势。

10. 真实是人生的至高境界，做真实的自己

无论什么东西也不能建立在虚伪和牛皮的基础上。

——傅鹰

（曾任北京大学教授，物理化学家、化学教育家）

各种各样的需求让人们渐渐学会了伪装自己：不愿意把自己最真实的一面展现给别人，总是用厚厚的套子把自己包裹起来，在不同的场合，面对不同的人，也会展示出不一样的自己。久而久之，他们就忘记了真实的自己。

秦王嬴政在统一六国之前，求贤若渴，一直在招贤纳士，在秦国境内贴出告示：无论任何人，只要觉得自己有本事，就可以毛遂自荐，为国效力。

一天，有三个人来到大殿之上，都说自己非常有才能，希望可以求得一官半职。嬴政非常高兴，但是他不知道这三个人是不是真的有本事为国效力，于是询问李斯："有什么办法可以看出这三个人是不是真的有本事？"

李斯说："臣深知吾王求贤之心，只是观人之道，却不可只观其才能，人品为上，才能次之。"

李斯的意思是说：臣非常明白秦王求贤若渴，希望得到天下贤士的帮助，但是看人不可以只看这个人是否有才学能力，首先应该看这个人的人品，再看这个人是否可以用，如果人品不好，就算再有能力，也不能用。

李斯决定通过让三人介绍自己，来观察他们的人品。

第一个人说自己是秦国人，从小就是一个神童，三岁会弹琴，五岁能吟诗，直到现在，琴棋书画，样样精通。

第二个人也说自己是秦国人，他说自己一身本事却无人发现，一直怀才不遇，希望皇上可以给他个机会，让他施展自己

的抱负。

第三个人说他是齐国人，虽然身无所长，但是知晓齐国风俗民风，有朝一日一定用得上。

嬴政听完，看了看李斯，李斯会意后，就把一开始派出去调查这三个人身世的一位将军叫上来，这位将军说出了调查结果。三人都是从齐国来的，因为齐国境内发生旱灾，三人无路可走就来到秦国，希望谋得一条生路。

后来，嬴政把第三个人委以重任，将其他两个人关进了监狱。

这个故事告诉我们：做人一定要真实！如果为了一时的利益，装点自己，那总有一天会被人拆穿，甚至会为自己带来灾难。

闻名世界的诗人泰戈尔说过："虚伪永远不能凭借它生长在权力中而变成真实。"北京大学教授傅鹰也曾说："无论什么东西也不能建立在虚伪和牛皮的基础上。"不错，人生的最高境界是真实，如果我们想获得成功，就一定要做真实的自己。现在社会繁华而充满诱惑，每个人压力都很大，很多人已经逐渐迷失了本心，只能按照别人的想法或者自己想象的方式去生活，不敢展露自己最真实的一面。这样下去，我们只能与真实的自己渐行渐远。这样的生活不但让我们惭愧，也让我们生活得身心俱疲。

曾有人问过泰勒斯："什么是最困难的事？"他的回答是："认识你自己。"可见，认识自己、做真实的自己有多重要！所以，我们应该甩掉虚伪，将自己从浮华的都市里剥离出来。慢慢地，我们就会发现，做真实的自己能让自己更轻松，更自然。

11. 自信是鼓励你奋勇前进的号角

我胸中所有的是勇气，是自信，是兴趣，是热情。

——梁漱溟

（著名思想家、哲学家、教育家，曾担任北京大学印度哲学教授）

有人说成功需要努力，有人说成功需要方法，有人说成功需要自信……的确，相比其他的条件，自信占的比重就稍大一些了。奋勇向前的过程好像是一场战争，而自信就是这场战争中的号角，只有吹响自信这支号角，我们才会勇往直前，到达成功的目的地。

爱默生说过："自信是成功的第一秘诀。"萧伯纳曾经说："有信心的人，可以化渺小为伟大，化平庸为神奇。"通过这些，我们知道自信对我们实现梦想是多么重要，无论是在工作中、在学习中，还是在生活中，我们一定要有足够的信心。

信心是一汪清澈的泉水，可以不断滋润我们追逐梦想的心灵；信心是我们心中的红日，能照亮我们前进的方向；信心是一根巨大的柱子，能撑起我们精神世界里那片深蓝的天空。

自信是我们生活中最不可缺少的东西，是我们精神世界的顶梁柱。我们只有充满自信，才可以最大程度地发挥出我们的潜能，才可以摆脱平庸，才可以取得一番无与伦比的成就，站在我们梦想的最高处。

但有很多刚毕业的大学生非常缺乏自信，对社会充满恐惧，他们觉得社会黑暗，人心险恶。所以，当他们步入社会的时候，总是前怕虎后怕狼，唯唯诺诺，甚至不敢前进。

下面有这样一则故事，我们看看故事里的人是怎么做的。

沈万三是明代著名的大富豪，有个人想做他的伙计，沈万三想试试他的能力，就给了伙计一块石头，让他去蔬菜市场试着卖掉它。

在伙计出门前，沈万三叮嘱他："并不是要你真正地卖掉它，你只需要试着卖掉它就可以。你一定要记住注意观察，多问一些人。然后告诉我，它在蔬菜市场最多可以卖多少钱。"

伙计虽然不明白沈万三的用意，但他仍然带着石头来到了市场。来到菜市场，伙计刚把石头摆出来，就引来了很多人围观。他们看着这块小石头想，它可以做很好的小摆件，也可以给孩子玩，还可以把它当作称菜用的秤砣等。于是，他们各自出了价钱想买这块石头，但是出的价钱都非常便宜，伙计没有卖掉石头。

那个伙计回来后对沈万三说："它最多只能卖几个硬币。"

沈万三笑了笑，说道："你现在把石头拿到黄金市场去，问问那里的人，它能值多少钱。但还不是真的要卖掉它，你只需要问问价钱就可以。"

这个伙计更加不明白了，但他还是把石头带到了黄金市场。不出沈万三所料，伙计很快就从市场回来了。他兴高采烈地对沈万三说："那些人太棒了，竟然把价钱出到了5两银子。"

沈万三又笑着对伙计说："如果你现在把它拿到珠宝市场上去卖，它能不低于50两银子。"

伙计带着石头，半信半疑地来到了珠宝市场。经过询问，他简直不敢相信自己的耳朵，那些珠宝商竟然愿意出200两银子买他的石头。伙计想起沈万三的话，并没有将石头卖掉，而是对那些珠宝商说："这个价钱我不能卖掉它！"

那些珠宝商一听，马上提高价钱。

这个伙计又说："这样的价钱我还是不能卖掉，我只不过问问价钱而已。"他虽然觉得这些人简直就像疯了一样，蔬菜市场的价钱已经足够了，但是他并没有表现出来。最后，他以沈万三的价格500两银子将石头卖了出去。

伙计回来后，沈万三对他说："现在你应该明白了吧，能不能卖到高价主要看你是否有试金石、理解力。如果你不提出要更高的价钱，那么你就永远无法得到更高的价钱。如果你坚信可以卖到那么高的价钱，那么它一定可以卖到那么高的价钱。”

每个人生下来都是一块石头，是一块未经打磨的璞玉，只有自己相信自己是金子，那么我们才能成为金子，只有经过打磨，我们才能散发出耀眼的光芒。但是，现实生活中有很多年轻人没有自信，总是宁愿相信自己只是一块无人问津的石头，也不愿相信自己就是闪闪发光的金子。

自信就是一个人对自己能够达到某种目标的乐观充分的估计。对一个人来说，自信确实非常重要。拥有充分自信心的人往往不屈不挠、奋发向上，因而比一般人更易获得成功。拥有充分的自信，就意味着我们已经成功了一半。我们只有对自己充满信心，才可以成功地主宰自己的命运。

在学习、生活、工作中，要经常抓住机会展现自己的优势、特长，同时注意弥补自己的不足，不断求得进步。这样，你就会提高成功率，也会得到更多的赞扬声，肯定能增强自信。

认识到自己的优势，我们在做一件事时，可以充分利用优势，避免劣势，这样才会成功。如果认识不到自己的优点，没有自信或者缺少自信的话，即使有明亮的阳光，对我们而言，世界也是灰色的。

第四课

找准定位，直达目标，人生因定位而不同

每个人都想要一个适合自己的位置，但是这个位置开始时总是藏在迷雾当中不易寻找，有的人遍寻几次无果就放弃了，在不合适的位置上郁郁寡欢。而人只有在适合自己的位置上才能充分发挥自己的才能，才能走出不一样的人生。定位不同，人生便大不相同，找准定位很重要。

1. 自我定位决定人生成败

航海远行的人，必先定一个目的地，中途的指针，只是指着这个方向走，才能有到达目的地的一天。若是方向不定，随风飘转，恐永无到达的日子。

——李大钊

（共产主义先驱，中国共产党主要创始人之一，曾任北大经济学教授）

笛福曾说："对于盲目的船来说，所有方向的风都是逆风。"这句话和陈岱孙教授说的话意思是一样的，都是讲做人应该要找准自己的位置。只有这样，我们才能在属于自己的位置上开天辟地，创出一番佳绩。

在现实生活中，之所以会有很多人总在四处碰壁，其根本原因就是他们无法找到自己的定位，盲目地行走，以至于在走了很多弯路之后，仍旧是一事无成。

比如苏轼，他本是个才华横溢的诗人，很多诗篇都脍炙人口，流传至今，他在文学史上的成就几乎无人可与其媲美，但他在政坛上却一败涂地。而这就是定位错误，没有找到适合自己扮演的社会角色。

有一本书叫《戒嗔的白粥馆》，里面讲了一个《一克重的砝码》的小故事，可以形象地说明这个问题。

有一天，戒嗔和智缘师父以及戒尘，一起去山下办事。路过一家玩具店时，戒尘就被橱窗里摆放的各式各样的玩具吸引住了。

这个时候，老板见了他们，就招呼他们进来，智缘师父看到戒尘留恋的样子，忍不住叹了叹气，但还是随他一起走进了店里。一进店里，戒尘就跑到柜台里面去摆弄玩具了。

过了一会儿，戒尘搬来了一个小天平，戒嗔问老板："这个也是玩具吗？"

老板说："这个是替镇上学校采购的实验用品。"

戒嗔看到天平附带着一个小盒子，里面有各种重量的砝码，重的几百克，轻的只有一克重。

戒尘拿起一个最小的只有一克重的砝码说："这个砝码太小了，没有什么用。"

智缘师父说："那可不一定！"

说着，他拿过那个一克重的砝码，把天平两端托盘上的砝码全部拿掉，在两边各放一个一百克的砝码，天平在摇晃中，慢慢平衡下来。智缘师父把那个一克重的小砝码放在天平的一个托盘上，那个托盘立即沉了下去。

戒尘惊讶地说道："原来这个小砝码的作用居然如此之大。"

师父摇摇头，又说："那也不一定。"他伸手把和小砝码放在一起的一百克砝码取了下来，托盘"咚"的一声，迅速升了上来。

细细品味这个故事，我们能得到一些启示：很多时候，我们就像那个最轻的小砝码，都是平凡的大多数。小砝码称不了大象，建不了高楼，但在关键时刻就能起到关键的作用。总之，要对自己定位清楚，只有定位清楚了，在适合自己的位置上才能找到无限的存在感。

准确的人生定位才是成功的关键，它能让我们少走弯路。如果人生的定位方向不正确，那么走弯路也是情理之中的事了。

因此，自我定位对人尤为重要。无论是选择事业方向，还是在生活中，都要找到适合自己的位置，并结合自己的长处，从而创造辉煌的人生。

2. 没有目标的“出租车”最危险

我从小就知道，自己要的是跟别的女孩子不一样的生活。

——李莹

（毕业于北京大学，北京重之宝汽车销售服务有限公司董事长）

人生在世，所处环境的好坏从来不是衡量成功的准则，而是人生目标！有了目标，内心的力量才会推动我们找到方向，从而能力得到最大程度的发挥。

目标好比出租车司机的心态，有乘客的时候，司机有目标，他就会全神贯注地驾驶，想方设法尽快到达目的地，而没有乘客的时候，他是盲目的，走到十字路口会因左转右转而犹豫不定。同样的道理，我们在没有目标时，也会左顾右盼，占用人生的宝贵时间，甚至是浪费！

很久以前，撒哈拉沙漠中有一个小村庄叫比塞尔，靠在一块15平方千米的绿洲旁，从这儿走出沙漠需要三个昼夜的时间！这个结果是英国皇家学院的院士肯·莱文在1926年发现的。在此之前，这里从来没有一个人能走出这片沙漠。当然了，不是他们不想离开这个地方，而是根本没有人可以走出这里。

肯·莱文用手语同当地人交谈，结果每个人的回答都是一样的：从这儿无论向哪个方向走，最后都会回到原地。

为了弄清原因，他做了一次实验，从比塞尔村向北走，结果3天半就走了出来。

可为什么比塞尔人就走不出去呢？

他感到很奇怪，于是就雇了一个比塞尔人，让他带路。他们准备了能用半个月的水，牵上骆驼，肯·莱文收起指南针，只拿着一根木棍跟在后面。10天过去了，他们走了大约800英里的路，第11天早上，一块绿洲出现在眼前，他们果真又回到了比塞尔村。

这下肯·莱文明白了比塞尔人走不出去的真正原因，他们没有把走出去当作目标，所以经历了一丁点儿的迷路和危险，看到绿洲便放弃了继续前行。

可以说，目标是我们行动的依据，没有目标，我们的热忱便无的放矢，无处依归；有目标，才有斗志，才能开发我们的潜能。

美国著名的成功学大师拿破仑·希尔指出："新生活是从选定方向开始的。"所以，首先要明确目标，有些人也有自己奋斗的目标，但是他的目标是模糊的，不具体的，因而也是难以把握的，这样的目标同没有差不多。目标不明确，行动起来也就有很大的盲目性，就有可能浪费时间和耽误前程。生活中有不少人，有些甚至是相当出色的人，就是由于确立的目标不明确、不具体而一事无成。

其次，在确立目标之前需要做深入的思考，要权衡各种利弊，考虑各种内外因素，从众多可供选择的目标中确立一个。一个人在某一个时期或一生中一般只能确立一个主要目标，目标过多会使人无所适从，应接不暇，忙于应付。生活中有一些人之所以没有什么成就，原因之一就是经常确立目标，经常变换目标，所谓"常立志"者就是这样一种人。

再次就是长期性，也就是说要坚持，一个人要取得巨大的成功，就要确立长期的目标，要有长期作战的思想和心理准备。要知道，任何事物的发展都不是一帆风顺的，在这个世界上是没有一蹴而就的事情的。

3. 找出个人能力和定位的最佳结合点

光有奋斗精神是不够的，还需要脚踏实地一步一步地去做。要先分析自己的现状，分析自己现在处于什么位置，到底具备什么样的能力，这也是一种科学精神。你给自己定了目标，你还要知道怎么样去一步一步地实现这个目标。从某种意义上说，树立具体目标和脚踏实地地去做同等重要。

——俞敏洪

（北京大学毕业生，新东方教育科技集团董事长兼总裁）

卡耐基说过："如果缺乏人生定位，你就不知道自己该向着什么方向前进。就好比是一次没有目标的航行，无论如何也不能到达目的地。"可见目标的重要性。但有了目标就能成功吗？当然不是！有了目标的同时，还要将个人能力和定位结合在一起，如性格、个人能力、心理能力等来制定订既不能让自己的人生定位高不可攀，也不能让人生过得太过平淡，以致整个人生都碌碌无为。

很多事实告诉我们，一个准确的人生定位是多么重要，太高的人生定位，虽然可以激励自己，但也可能给自己带来很大压力，而且很难达到自己预期的目标。但是，如果定位太低，就有可能限制自己的能力，阻挡自己去获得成功，使自己的潜力得不到合理的开发。

一天，一个年轻人向一位老和尚推销保险，等他详细说明之后，老和尚平静地说："听完你的介绍之后，丝毫引不起我投保的意愿。”

老和尚注视年轻人良久，接着又说：“人与人之间，像这样相对而坐的时候，一定要具备一种强烈吸引对方的魅力，如果你做不到这一点，将来就没什么前途可言了。”

年轻人哑口无言，冷汗直流。

老和尚又说：“年轻人，先努力改造自己吧!”

“改造自己?”

“是的，要改造自己，首先必须认识自己，你知不知道自己是一个什么样的人呢?”

老和尚又说：“你要替别人考虑保险之前，必须先考虑自己，认识自己。”

“先考虑自己？认识自己?”

“是的，赤裸裸地注视自己，毫无保留地彻底反省，然后才能认识自己。”

“我不太擅长言辞，所以……”

“对，你已经意识到了，所以，你擅长什么，就去做什么，而不要勉强自己去做不擅长的事。”

每个人都有自己的特长，都有自己特定的天赋与素质，如果你能够认识到自己的长处，还能够扬长避短，专注认真地坚持下去，长久以往，终究会结出丰硕的果实。纵观古今中外那些杰出的人物，他们都有一个共同的特点，那就是做自己最适合做的事，并坚持下来，终有所成。

所谓：一个人长于此，却未必长于彼。一个著名的作家未必健谈，一个知名的科学家可能交际欠缺，一个学富五车的学者可能动手操作能力极差。就像陈景润当不好数学老师，却可以攻克数学难题；柯南·道尔作为医生并不著名，写小说却名扬天下；钱钟书一看数学就蒙，却可以成为学贯中西的大学者……

这个世界上没有全能奇才，绝大部分的人只能在一两个方面取得成功。在这个物竞天择的年代，无论是谁，都必须聚集全身的能量，朝着最适合你的方向，专注地投入，成为一个优秀的自己。

因此，找准个人能力和人生定位的最佳结合点，才是通往成功的最快捷径。不过，在找准最佳结合点之前，要先认识自己。

4. 在适合的位置能做出最棒的成果

我最适宜的工作就是教书，别的事情不会做。在任何国家教书都是很苦的，我从不考虑这个问题。

——陈岱孙

（北京大学教授，著名经济学家、教育家）

雄鹰只有进入天空才能自由翱翔，小鱼只有进入江河才能自在游动，狮子只有进入森林才能尽情奔驰。天空、江河、森林就是它们的位置。所以，人只有找准自己的位置，才能充分实现自己的人生价值。

有一个青年农民，想要当作家，为了实现这个夙愿，他十年如一日，始终坚持写作，但却没有一篇文章被报刊采纳，甚至都没有收到一封退稿信。直到29岁那年，他才收到了第一封退稿信。在信中那位编辑这样说道："你绝对是一个很努力的青年，但是很遗憾，我不得不告诉你，你的知识面过于狭窄，生活经历也太苍白了。但是这么多年我发现了你有一个进步之处，就是你的钢笔字越来越出色了……"这封退稿信居然点醒了他的困惑。

他毅然放弃写作，转而练起了书法。不久，他的书法就有了很大的长进。现在，他的名字已经享誉全国，他就是有名的硬笔书法家张文举。

一次，他在接受记者采访时，这样慨叹道：一个人要想成功，理想、勇气、毅力固然重要，但更重要的是，要懂得舍弃，在人生路上，不要执意往前走，要懂得转弯！

找准自己的位置，需要有自知之明，知道自己适合做什么。这样就不会因为头脑发热，找到一个不适合自己的位置。也要清楚自己在怎样的位置，在这样的位置上该干什么，这样才不会本末倒置，造成自己人生上的失败。

像张文举这样的例子还有很多，比如先学钢琴后学政治的赖斯、先学文学后学生物学的达尔文、先学钢琴后学哲学的马克思，等等。他们的成功告诉我们：成功的诀窍就是站在自己应该站的位置，去把自己的长处发挥到极致。所谓条条大路通罗马，此路不通，就要换一条路，绝不能被困死在死胡同里！

战国时期的大将赵括，他的位置不在沙场，而在后方。可他却带兵打仗，最终四十万赵军悉数被白起活埋。这样纸上谈兵的人，去当个理论家倒能做出贡献，可带兵打仗却勉为其难。正因为他没有找准自己的位置，导致他最终失败了，而赵国的元气大伤。

有些人，他本在一个已找到的位置上待着，可他却是“在其位不谋其政”，他的业余爱好大过了他的本职工作，最终导致他在本位上的一事无成。如李后主、宋徽宗等，他们的位置是朝堂之尊，可偏偏走了歪路。如果他们能励精图治，做好自己的本职工作，那么他们肯定会做得有声有色，在他们的治理下，国家将走向繁荣富强。可是历史不容假设。正因为他们没有找准自己的位置，导致他们把祖宗留下的大好河山让给别人，最终成了亡国之君。

著名漫画家朱德庸说过：“我相信，每个人都有自己的天赋，就像动物一样。比如兔子有高超的奔跑、弹跳能力，老虎有锋利的牙齿，这也是它们得以在大自然中生存下来的保证。

但很多人在成长过程中却把自己的天赋忘了，就像有的人可能是怕血的，却被迫当了医生，所以他就不可能会快乐，更不用说成功了。生活中，人们都希望成为‘狮子’，但也有很多人想要成为‘兔子’，久而久之就看不清自己了。可是我们本可以当一只优秀的兔子，却为什么非得要当很烂的老虎呢？社会中很多人就是这么的奇怪，本来狮子有狮子的本能，兔子有兔子的本能，但是人们却强迫自己都去做‘狮子’，结果社会上就多出了一大批烂‘狮子’。不过我还好，我的天赋或者说本能保持得很好。”

朱德庸的这些话都是有感而发的。很多人认为朱德庸在20多岁就红透宝岛，上学时的成绩肯定很好，但实际上他是一个典型的差生，甚至到了被迫换学校的地步，到后来居然连最差的学校也不愿意接收他。

朱德庸回忆过去时说：“我有学习障碍、自闭、自卑，所以求学过程非常悲惨！也只有画画是我唯一感到快乐的事。我甚至无法在外界生存，所以只能回到这个让我快乐的世界，也就是画画的世界中。记得只要我在学校受了老师的打击，一回到家我就拿起笔丑化他，之后心情就莫名地好转……起初我把老师的话当成是正确的，也认为自己是笨的，后来才明白自己是有学习障碍，并不是笨。我发现自己天生接受文字非常困难，反应迟钝，但对图形却很敏感……更值得庆幸的是，我的父母一直让我自由发展，从来不给我施加任何压力。爸爸见我喜欢画画，就经常把白纸裁好，整整齐齐订起来，给我做画本。试想一下，如果我的父母当初也逼我学习，像学校老师一样，那我肯定死定了。其实，每个人都有天赋，但是家长和社会却把他们的天赋遮盖了，久而久之，这些天赋就消失了。至今我仍对我的父亲感激不尽，在我不顾学习，把全部精力投入绘画时，父亲没有一点儿阻止的意思，反而竭尽全力为我的绘画营造条件。”

不仅如此，在摆正自己的位置方面，我们还要多听旁人的意见，因为当局者迷，旁观者清。尤其是自己不清楚自己的位置在何方时，旁人的意见无疑是黑暗路途的明灯。比如：唐太宗听从魏徵的谏言，励精图治开创贞观之治；宋太祖听从赵普的意见，杯酒释兵权维护宋朝长治久安；康熙听从他祖母孝庄太皇太后的意见，智擒鳌拜开创康乾盛世。这些人都找准了自己的位置，从而实现了自己的人生价值，成就了一番伟业。

我们常说，尺有所短，寸有所长，宝贝放错了地方就是废物。每个人都有自己的长处，但意识到自己的长处是关键，意识到了之后，努力去把它经营好，不断发挥自己的长处，才会给你的人生不断增值加分。但如果一根筋地专注于自己的短处，结果只会迷失自己，最终导致失败。

并不是说天道酬勤、勤能补拙不对，可是与其用过多的时间去补拙，为何不试着把精力用在你很优秀的方面呢？

5. 寻找合适的人生定位从认清自己开始

我不是一个企业家，我只是一个科学家，即使年轻20岁，也不可能成为企业家和CEO，更不可能成为企业领袖，因为我不懂经营，对财务一窍不通，也不擅长管理，与企业家差距甚远。

——王选

（现任北京大学教授，著名科学家，中国高科技产业自主创新的先驱者）

每个人都要经历从不成熟到成熟的心理发展阶段，而这就是逐渐认清自己的过程。

在一个人心理状态还不成熟，或者说还没有认清自己的时候，他看待问题总是片面而懵懂的。这个时候他难免会面临内心的挣扎，对自己的未来感到迷茫。

当我们能够认清自己，再去看待周围的事物时，就会有一种豁然开朗的感觉。其实，认清自己，不仅仅是了解自己的长处和短处，更要了解自己的内心，寻找自己心理活动的规律。

从前，有一只不知道自己是什么动物的小地鼠，它不断寻找途径，想要知道自己会什么。

开始的时候，它是先跟松鼠学爬树，因为它很羡慕松鼠可以爬在高高的树枝上，看远处的风景。但是让它失望的是，不管它怎么努力，总是没有办法像松鼠一样爬得又快又高，好几次摔跤还差点跌断腿，于是它放弃了这条路。后来它又跟小狗学赛跑，还没跑多远，就累得要命，甚至最后它还跟夜莺阿姨学唱歌，但它只要一开口，动物就会都跑光。

经历了这些以后，它觉得很难过，它觉得自己是森林王国里最没用的动物，只好挖个洞躲起来。直到有一天，浣熊妈妈家里失火了，但是浣熊宝宝逃生不及还困在屋里，由于火势太大，没人可以靠近，也无法救援。

就在这危急关头，小地鼠发现自己挖的洞与浣熊妈妈家不远，灵机一动，就挖地洞穿透浣熊家的地板，救出了浣熊宝宝。这个时候，从浣熊妈妈感激的眼神中，小地鼠才发现了自己的价值。

从这个童话故事中，我们可以发现“天生我材必有用”这句话的第二层意思，那就是发现自己的天赋特质后，最好根据这项特质去发展自己的优势，做自己擅长的事。以现代企业的术语来说，就是发现自己的核心价值。

美国女影星霍利·亨特一度竭力避免被定位为矮小精悍的女人，结果走了一段弯路。但是后来，在其经纪人的帮助下，根据自己身材娇小、个性鲜明、演技极富弹性的特点，对自己进行了正确的定位。她在出演了《钢琴课》等影片后，一举夺得戛纳电影节的“金棕榈奖”和好莱坞的“奥斯卡奖”。

卓别林刚开始拍片的时候，并没有找到自己的明确定位，导演要他模仿当时的著名影星，结果他一事无成，直到他开始成为他自己，才得以成功。

其实，每一个人都是独特的“这一个”，并且不是别人的从属和附庸。所以，我们需要认清自己。

只有认清自己，才不会在所有的问题上都追随众人，尤其不能稀里糊涂地追随众人；只有认清自己，才能给自己一个合理的定位，才能够让自己的能力发挥到最大程度，从而实现自己的理想；只有认清自己，你才会发现自己就是一个宝藏，拥有取之不尽的资源。

6. 内心的不满足是向上的车轮

不满是向上的车轮，能够载着不自满的人类，向人道前进。多有不自满的人的种族，永远前进，永远有希望。

——鲁迅

（曾任北京大学讲师，无产阶级文学家、思想家、革命家）

如果想要有一番作为，就必须知道不满足。有的人希望富甲一方，有的人希望可以走遍名山大川，这些理想都来源于心里的不满足，只有不满足才可以催人奋进，拥有属于自己的一片天空。

在我们的生活中，总有一些年轻人缺乏上进心，甘于平庸，他们每天都过着碌碌无为的生活，过着当一天和尚撞一天钟的生活，总是混一天算一天，得过且过；有很大一部分人染上了懒惰或者懈怠等坏习惯，对待工作总是敷衍了事，浪费光阴，每天都懒懒散散，浑浑噩噩；有一些人误入歧途，进行偷盗、抢劫等违法活动，最后走上了不归路……

像这样没有上进心的人就连本职工作也做不好，更别说什么成就了！所以说，人得学会不满足于现状，这样才会改善生活，改变自己的命运！

明代的富豪沈万三，是一个非常不满足于现状的人。

在他小的时候，经常和小伙伴们一起去河边抓鱼，别人抓一条就会非常开心，但是他却不满意，总会多抓几条。

有一次，他在河边看见有人用渔网打鱼，每次都能抓很多上来，比他和小伙伴用鱼叉快很多，但是他买不起渔网。后来，沈万三就和打鱼的商量，能不能在渔夫休息的时候用他的渔网，打上来的鱼可以分给这个渔夫一半。

渔夫一听，觉得自己不用干活就有鱼送上门来，也非常高兴，高兴地把渔网借给了沈万三。

从此之后，沈万三每天都比小伙伴们打鱼打得多。后来，那些小伙伴也学会了这个方法，借来了渔网，此时沈万三还是不满足，他知道河的深处鱼更大、更多，但是自己没有渔船，没法去河中央抓鱼。

他再次找到那个渔夫，说要借他的渔船，这样，沈万三还是比其他小伙伴抓鱼抓得多。

小时候，沈万三的理想就是能抓到更多的鱼，这就是他理想的来源，正是因为他不满足于只抓到很少的鱼，才刺激他产生了多抓鱼的理想，并且通过自己的努力实现了自己的愿望。

但他始终不满足，觉得应该获得更多的东西。

有一天，他在集市上看见一个员外家的大宅子非常漂亮，他很羡慕，觉得自己什么时候也要有这样一处宅子。

他又有了一个新的理想，就是拥有一间漂亮的大宅子。

当时，很多人盛传张三丰会炼金之术，找到他就可以学会炼金，但是张三丰却是神龙见首不见尾，没人见过他。

有一天，沈万三正在打鱼，看见有一个邋遢老道坐在岸边，沈万三想起市井间的传说，感觉这个邋遢道人就是张三丰。

于是，他上了岸就请道人去家里吃饭，道人也不客气，就跟着他来到家里。吃完饭，道人抹嘴就走，连“谢谢”也不说。

就这样，一到吃饭的时候，道人就来到沈万三家里吃饭，连续吃了一个多月。

沈万三也不生气，想反正也只是吃点东西而已，万一这人真是张三丰，自己就可以实现买大宅子的理想了。退一步讲，如果此人真是简单的混吃混喝，也无所谓，自己以后肯定要做大事，多个朋友多条路。

一个多月后，道人才说出，自己要去其他地方了，为了感谢沈万三招待，就教了沈万三一门手艺，也就是炼金之术。慢慢地，沈万三开始发迹了。

故事中的沈万三是一个不满足于现状的人，当小伙伴都满足时，他不满足，内心的不满激发了他无穷的力量，这就促使他不断地朝着自己的目标前进。也正是因为这种努力，他才最终得以实现自己的理想，拥有了他梦寐以求的漂亮的大宅子，成了富甲一方的大商人。如果沈万三从小就满足于现状，就不会出现寻找张三丰的理想，也不会让一个邋遢道人在家里白吃白喝，也没有后来的富甲天下。

鲁迅曾经说过："不满是向上的车轮。"不满足于现状是促使我们不断向上的车轮，它可以载着那些不甘于平庸的人前进，然后实现自己的理想。总而言之，我们只有点燃理想的种子，才会成为一个有价值的人。

如果我们满足于现状，其直接后果就是导致我们停滞不前，也就没有办法实现自己的梦想，甚至可能被不断进步的社会所淘汰。

所以，我们一定要踢开走向梦想之路的绊脚石——满足于现状。只有永不满足于现状，才会产生前进的动力，才可以实现自己的梦想。

7. 实现理想的路上没有一帆风顺

世界上没有一条路是给我们准备好的，所有的大路坦途都是人走出来的。

——史铁生

所有通向成功的路上，都布满荆棘，没有一条路是一帆风顺的，我们所要做的就是选择坚持，不要放弃。当我们把理想之路上的荆棘斩光，把所有坎坷踩平，那理想才会离我们更近一步。

我们来看看下面这个故事：

战国时代，七国之间互相争夺城池，杀伐不断，各地连年混战，这时候，楚国大诗人屈原正当青年，身为楚怀王的左徒，他看见百姓受苦，非常痛心。于是，屈原立志报国为民，树立了要救黎民百姓于水火的远大理想。

当时的秦国已经非常强大，经常为了一点小事引起战端，攻击其他六国。所以，屈原想到的办法就是联合其他各国一起对付秦国。

屈原经过努力，成功说服了齐国、燕国和韩国三国，但是还有赵国和魏国没有说服，屈原就打算继续努力，去游说这两国的国君，但却遇到了麻烦。

原来楚国的一些王公贵族看见屈原有如此才能，产生了嫉妒的心理。他们千方百计地阻挠屈原继续和赵国、魏国两国商谈，并在楚怀王面前说屈原的坏话，甚至说屈原想要叛国，到别的国家做官。

当时的楚国有很多内政和外交的大事都由屈原负责，楚国公子子兰很不服气，想尽办法给屈原出难题，甚至在屈原去往赵国的路上派人秘密通知秦国，让秦国在半路上抓住屈原。但都被屈原成功躲过。

在多方的阻挠之下，屈原成功说服其他五国，大家相互联合，一起对抗秦国。

怀王十一年，齐、楚、燕、韩、赵、魏六国齐聚楚国都城郢都，并且结下联盟，楚怀王更是成了六国联盟的领袖。因此，楚怀王更加器重屈原。

但以楚国公子子兰为首的一班贵族，经常在楚怀王的面前说屈原的坏话，说他独断专权，根本不把楚怀王放在眼里。时间一长，挑拨的人多了，楚怀王也开始怀疑起屈原来。而秦国此时也把屈原视为眼中钉。派张仪离间屈原和楚怀王。张仪来到楚国，将大批的金银珠宝送给公子子兰，让子兰帮助自己拆散六国联盟，如果六国联盟被拆散，那么楚怀王也就不会再信任屈原了。

子兰想了个办法，就说屈原收受秦国贿赂，随后就向楚怀王告状，楚怀王听了，半信半疑，但却在屈原的住所搜出很多金银珠宝。接着，就有了楚怀王要和秦国联合的消息。

屈原知道这是张仪离间六国的计策，马上向楚怀王说明，但是楚怀王却不再信任屈原，屈原痛心疾首，如果楚国一旦和秦国联合，其他五国就会不再信任楚国，到时候谁也无法抵挡秦国的铁骑，那时势必会战乱再起。

屈原望着楚国恭敬地送走张仪，顿足长叹道："楚国啊，你又要受难了！"屈原想起日后刀兵再起，就忍不住难受。但他却没有放弃，自己是楚国人，就算死也不能看到楚国受难，而且屈原认为楚怀王肯定会醒悟过来，只要楚怀王回心转意，那么楚国就有救，自己也会有办法克制秦国的势力。

随着历史的车轮滚滚而来，我们虽然可以看到先贤的伟大之处，但是我们更应该看到他们为什么会得到如此成就。可以肯定的是：他们都在坚持，始终没有放弃！即便屈原到最终没有一个好的结果，但他的故事永远留在后人的心中。

其实，每个人在追逐理想和成功的道路上，总会遇到一些绊脚石。但每个人对待挫折时的态度却不一样，有的人会把挫折当作是不可逾越的鸿沟，遇见之后就此止步；有的人却把挫折当作自己的人生经验，通过此次失败，下一次就会有更充足的准备迎接挑战。

要知道，世界上没有一条路是一帆风顺的，也没有任何人会给我们准备一个没有任何坎坷的理想让我们去完成。我们要做的就是迎难而上，既然有理想，就努力实现它！

8. 树立正确的人生理想

志气太大，理想过多，事实迎不上头来，结果自然是失望烦闷；志气太小，因循苟且，麻木消沉，结果就必至于堕落。

——朱光潜

（著名学者、美学家、文艺理论家，曾担任北京大学文学院院长）

理想是人生中必不可缺的，有了理想我们才可以奋进，社会才可以进步，人类才可以发展。但是，不是所有理想都适合我们。我们应该树立正确的理想，而不是树立那些无法实现的理想。

在生活中，有一些人好高骛远，经常给自己设立不切实际的理想。当朋友劝他脚踏实地、一步一步走时，他却对此不屑一顾，经常以一句“燕雀安知鸿鹄之志”来自欺欺人。

下面就有这样一个故事：

鬼谷子在收第一代门人时，消息一传出去，有很多人前来拜师，通过种种考验之后，只留下三名。鬼谷子分别交给这三名求师的人一个几乎不可能完成的任务，让他们徒步走遍每一个国家的土地，并且记录每个地方的风土人情。

第一位弟子出发了，他一路走下去，不但没觉得累，反而觉得很快乐，因为他觉得自己欣赏到别人一辈子也无法欣赏到的风景，所以他一路走了下去。

第二位弟子，虽然没有第一位弟子那样开心，但他觉得非常充实，每天为了实现自己的理想而奔走，就算累了也不觉得有什么，反而觉得人生不应该太安逸，为了实现自己的理想，付出所有的努力，才是一个人应该做的。

第三位弟子觉得这简直太容易完成了，他觉得只要随便走走就可以拜在大名鼎鼎的鬼谷子门下，简直是天上掉馅饼。可是他又一想，想起还有两个人在和自己争夺。于是他就想比其他两个人完成得更好，完成得更快。一开始，他计算自己可以用一年的时间完成，但是他现在觉得要超过别人，一定要给自己树立一个更加难以完成的目标，他决定要在两个月内完成，于是，他开始飞速向前跑起来。在路上，他没有时间好好睡一觉，更没有时间停下来仔细询问当地的风土人情。一个月后，他终于坚持不住，病倒了。这一病，就耽误了很长时间。

病好了，他的身体非常虚弱，再也无法长途跋涉了。于是，他只好停止自己的工作。一年后，鬼谷子见到了三位弟子，只有第三个人没有完成任务。

第三个弟子最后为什么会失败我们都可以看出来，就是因为他不切实际的追求！明明可以完成的任务，却因为自己好高骛远而失败了，用两个月走完全国，而且还要记录，这在当时是不可能完成的任务。他这种完全不切实际的愿望，最后的结果只能是失败。

在我们的生活中，就有很多人像第三个弟子一样，在追求理想的过程中，总是喜欢好高骛远，不切实际。不切实际的追求就像做白日梦一样，不可能实现。其实，我们应该看清自己的实际情况，根据实际情况的不同，发挥自己的特长，制订出略高于我们能力的目标，踮起脚尖或者用力蹦起来才能够得着的目标。

如果制订的理想不现实，最后会导致我们丧失信心，更有甚者会气急败坏，从此一蹶不振。

总而言之，我们要树立正确可行的理想。只有有了正确的理想，我们才可以实现自己的价值，实现理想。

9. 抓住机遇才能直达目标

在要求天才产生之前，应该先要求可以使天才生长的民众。譬如想有乔木，想看好花，一定要有好土；没有土，便没有花木了：所以土实在较花木还重要。

——鲁迅

（曾任北京大学讲师，无产阶级文学家、思想家、革命家）

俗话说得好：机不可失，时不再来。意思是说，机会是不能失去的，一旦失去就不可能再回来了！再深入一点的话，就是让我们要善于抓住机遇，因为机遇也会像个气球一样悄悄溜走。

辛弃疾 18 岁金榜题名，其诗词已经家喻户晓，21 岁上马抗金，他取得的成就让很多成功人士也望尘莫及，但是在抗金之初，发生过这样一个小故事：

当时的辛弃疾已经 20 岁，风华正茂，尤其是他的诗词，受到当时皇上的喜爱。由于辛弃疾的风头过盛，再加上年少轻狂，受到很多人的嫉妒，因此，一些人总会千方百计为难他。

有一次上朝，主战派和主和派两派再次交锋，争论不休。此时，辛弃疾拿出自己经过长时间努力而写就的一部抗金方略，其方略上仔细研究了金兵的各种优势和短处，并且把金兵惯用的战术都分析得非常透彻，且详细批注了破解方法。

方略一经拿出，朝堂之上顿时引起轰动，很多将军看见方略上的记载分析，顿时大喜，他们觉得方略上的记载很有用处，用此方法，定可以打败金兵，恢复往日山河繁华。

但主和派却极力反对，甚至恶言中伤辛弃疾，说辛弃疾主战只是为了自己立功而并非为了国家安危着想。辛弃疾非常气愤，但是却毫无办法，当时的皇上也是左右摇摆，主战派的各位将领只有顿足长叹，却没有办法。

后来，辛弃疾一气之下，请缨去失地组织义勇军抵抗，不花朝廷军饷，也不用朝廷赏赐，胜则不奖，败则重罚。就这样，辛弃疾终于踏上了征途。

时至如今，我们依然可以遥想当年，风华正茂的辛弃疾，一骑白马向北而去，手握长枪，腰悬宝剑的飒爽英姿，直到后来功成名就。

如果当时辛弃疾没有极力争取自己北上，错过了皇帝拿不定主意的机遇，皇帝一旦做出决定，如果是主战还好，如果是坚持以和谈为主，那么辛弃疾也就错失了北上的良机。

达尔文曾经说过一句话："机遇是会遇到的，但重要的是学会抓住机遇。当你无视而过的时候，你才会明白不是你没有得到，而是你没有把握。"桑弗也曾经说过类似的话："不要以为机会会第二次来敲门。"所以，当机会来敲门时，我们一定要牢牢把握住，打开大门迎接机遇之神，把机遇紧紧地抓在手里。也只有这样，我们才能把握机遇，成就我们的梦想。

从前，有一个猎人外出打猎。在走之前，别人劝他在枪里装上子弹，这样在打猎的时候就能节省时间了。可猎人却不当一回事，骄傲地说："打猎的地方还远着呢，到时候装一百发子弹也来得及。"

走着走着，猎人发现水面上浮着一大群野鸭，刚举起枪打，却想到枪里没有装子弹。于是，他急匆匆地装子弹。可没想到，他装子弹的动静太大了，野鸭受到惊吓，全都飞走了。

看到这个情景，猎人懊悔不已，心想：要是一开始我就装好子弹该多好啊！多么肥美的鸭子啊！

猎人再懊悔也是无济于事，因为他已经错过时机了……其实，机会就像是肥美的野鸭子，一不小心，它们就会飞得无影无踪。肯定会有人想：这猎人很愚蠢，当初为什么不听别人的话？但在我们身边，却有很多像猎人一样的人，让机遇从眼前溜走。

要知道，机遇总是更青睐那些有准备的人！所以，我们应该做好充足的准备迎接机遇的到来，抓住机遇。

10. 有了理想就要立即展开行动

我们每个人都知道，把语言转化成行动，要比把行动化为语言困难得多，但同时，也重要得多。

——金克木

（著名文学家、翻译家和学者，曾任北京大学教授）

法国作家司汤达的名著《红与黑》享誉世界，他在这本书里写到“言语的巨人，行动的矮子”这种人。他们总是把自己的理想说得如何美好，并且信誓旦旦地表示自己一定可以实现梦想。但他们只是在嘴上说说而已，却迟迟没有展开行动。

曾担任北大教授的金克木在一次演讲中，讲过这样一个故事：

金克木有一个学生，在北大中文系就读，这个学生才华横溢，在校期间曾创作了一些诗歌拿给金克木看。金克木看完之后，觉得这个学生是个可造之才，就非常耐心地指导他的写作。

经过一段时间的努力后，学生终于写出了几篇不错的诗，虽然只是短篇的抒情诗，但是在诗的字里行间，不难发现这个学生的确有这方面的天赋。金克木看到这几篇短诗非常好，就推荐到了他认识的一间杂志社发表。

短诗发表之后，虽然好评并不算多，但是金克木明白，因为这个学生笔间还有些稚嫩，假以时日，此人必成大器。

接着，学生又写了一些短诗交给金克木，金克木看见这个孩子正在以惊人的速度成长，没多长时间，已经在诗坛小有名气了。

尝到成功滋味的学生，却有了一个更大的理想，他想写一篇长篇叙事诗。他认为，世界上所有的大诗人都是因为写出了长篇史诗而成名，如果自己想要成为大诗人，也要这么做。

他把这个想法告诉了金克木，一开始金克木有些担心，他怕这个学生太年轻，即使有了深厚的文字功底，也很难驾驭那么长的史诗巨作。他劝学生慢慢来，但是这个学生却非常兴奋，挥舞着手臂向这位老教授描述自己的理想。金克木不忍泼他冷水，觉得以他的文字功底或许也可以试试，就算失败了，也算是长经验了。

自此之后，金克木就很少见到这个小伙子，在杂志上也没有看见他有任何新的作品。金克木觉得有些担心，如果这个孩子真的要创作长篇史诗，他还没有不请教别人就可以完成的能力；如果他要请教别人，第一个应该是来找自己，现在却不见他来，他知道，年轻人肯定是遇上麻烦了。

半年之后，金克木偶然遇到这个学生，但这个往日潇洒英俊的少年，此时却双目无神，还有点不好意思见他。

经过交谈，金克木才了解了其中缘由：一开始年轻人打算闭门写作，非常努力地翻阅资料和创作，但是过了一段时间之后，他觉得这样很没有意思，他开始觉得烦躁，最后甚至开始讨厌写诗。

后来，他就放下手里的笔，跑去外面的花花世界。的确，这个世界上好玩的事情有很多，比他一个人闷在屋子里强多了，但是越玩这个小伙子越收不住，到现在，他的长篇史诗才只写了一页。

其实，理想和现实中间还有很长的一段路要走。如果我们只是空想，而不行动，到最后只能是一事无成。故事中的学生立志成为一名大诗人，虽然他才华横溢，但是由于他没有脚踏实地一步步去做，最终也以失败告终。

有人对成功人士做了一个调查，其调查结果显示他们都有一个共同的特点，那就是：只要确定了一件事，无论有多大困难，他们从来不找借口拖延，而是马上展开行动，并且孜孜不倦地朝着理想努力迈进。

因此，一旦确定了自己的理想之后，千万不要站在原地等待机遇降临，也不要告诉自己明天再开始行动，更不要等待他人伸出援助之手，而应该马上行动起来。只有马上行动起来，才可以真正实现我们的理想。如果我们畏首畏尾，瞻前顾后，到最后只会让理想的火花瞬间熄灭。

11. 野心是人生的第一桶金

一个人能否成功，首先要取决于他在什么程度上和什么意义上把自己从自我的限制中解放出来。

——向达

（历史学家，曾任北大历史系教授）

美国加利福尼亚大学的心理学家迪安·斯曼特研究发现，“野心”是人类行为的推动力，人类通过拥有“野心”，可以有力量攫取更多的资源。熊彼得在其作品《企业家的精神》中说道：一个人如果要成为企业家，就必须不断创新、创新、再创新。而创新来自于不停的进取，进取心则来自于野心！

有这样一个故事：

一位大富翁写了一个遗嘱：我曾经是一位穷人，在以一个富人的身份跨入天堂的门槛之前，我要把自己成为富人的秘诀留下，谁若能猜出“穷人最缺少的是什么”，他将能得到我留在银行私人保险箱内的100万法郎，成为富人的秘诀就在答案之中。

遗嘱刊出之后，有成千上万的人寄来了自己的答案。答案五花八门，绝大部分的人认为穷人最缺少的是金钱，有一部分认为穷人最缺少的是机会，又有一部分认为穷人最缺少的是技能，还有的人说穷人最缺少的是帮助和关爱。

在这位富翁逝世周年纪念日，他的律师和代理人在公证部门的监督下，打开了银行内的私人保险箱，公开了他致富的秘诀：穷人最缺少的，是成为富人的野心！

在所有答案中，有一位年仅9岁的女孩猜对了。她在接受100万法郎的颁奖之日说："每次，我姐姐把她11岁的男朋友带回家时，总是警告我说不要有野心！于是我想，也许野心可以让人得到自己想得到的东西。"

原来，成功的秘诀便是要有"野心"。实际上，这种强烈的野心是促使一个人努力奋斗的原始动力，是激励一个人穿越困境的有力信念。一个安于现状的人，不可能在事业上有更大的成就，也不可能在财富上有大成就。

下面，我们再来看看这个故事，或许这能更好地诠释野心的重要性。

一天，一个年轻人路过一家美食店，那里生意非常好，在外面排队的人很多。他进去点了一份午餐，味道好极了！吃完饭，他问店主有没有开分店。

店主说："没有！你看我现在的生意已经很不错了，有必要开分店吗？"

店主的回答让年轻人吃惊不已，更让他心里怦然一动。接着，年轻人留下来和店主一起收拾餐桌，并请求店主收自己做徒弟，把美味的独门秘诀传授给他，授予他在各地开分店的权利。交换条件是，开分店后，会从每年的总利润中提取15%上缴给店主。

店主想了想，这样也好，便同意收年轻人为徒弟，也授予年轻人开分店的权利。

一个月后，年轻人的第一家早餐店开张了。半年后，年轻人的第二家早餐店也开张了。此后十年，年轻人的早餐店在全国开了近百家分店。最后，年轻人花钱把师傅的店也买了下来，一起买断的，便是美味的秘方。

年轻人拥有的分店越来越多，事业也越做越大。

年轻人在和朋友聊天时说："师傅开了间小店，拥有制作美食的秘方，可是他小富即安，没有跑马圈地的野心。如果他把早餐店当作大事业去经营，而不是仅仅满足于开小店收零花钱，现在这近百家分店应该都是他的。"

朋友问："你之后的打算是什么？"

年轻人说："把美食店开到外国去，这就是我的野心！"

其实，拥有无限潜力的美食秘方就是店主的法宝，可是他却安于自己小店的生意，幸好他还挺有远见，授权了分店，有了事业上的成就。当然了，他所获得的15%的利润也是年轻人的远见带来的。年轻人的野心让他从零开始，以梦为马，开辟了一个美食王国。

正如萧伯纳的一句名言："一般人只看到已经发生的事情而说为什么如此呢？我却梦想从未有过的事物，并问自己为什么不能呢？"

第五课
坚守自我，不盲从才能与众不同

汪国真说过，悲观的人，先被自己打败，然后才被生活打败；乐观的人，先战胜自己，然后才能战胜生活。当你的想法和权威不同时，你能做到坚守自我不向权威示弱吗？带着独立的人格和真实的自我，走出属于自己的人生路。

1. 有鲜活的思想才能不同凡响

书籍里的道理是高贵的，老一辈的学者汲取了他周围的世界，经过推敲，在心里把它重新整理好，再陈述出来。它进入到他心里的过程是人生，从里面出来的却是真理；进去的时候是短暂的动作，出来的却是不朽的思想；进去的是琐事，出来的却是诗歌。它过去是死的事实，而现在则成了活的思想。——它既可以守，又可以攻；它一忽儿忍耐，一忽儿飞翔，一忽儿又给人以灵感。

——爱默生

宋代朱熹有这样一句诗："问渠哪得清如许，为有源头活水来。"水之清澈，是因为有源头活水不断注人，暗喻人要心灵澄明，就得认真读书，时时补充新知识。只有思想永远活跃，以开明宽阔的胸襟，接受种种不同的思想、鲜活的知识，广泛包容，方能才思不断，细水长流。

名扬四海的北大，向来以提倡思想自由而被北大人津津乐道。是的，若非如此，便不会有如此多的大师在这里留下足迹。

有这样一个故事：

大梅禅师修了很多年禅，尽管他十分努力，但是一直没有悟道。

有一天，他去请教马祖禅师“佛是什么”。

马祖禅师回答：“即心即佛。”大梅禅师恍然大悟。开悟后，大梅禅师下山弘扬佛法。

当马祖禅师听说大梅禅师开悟的时候，不太相信，心想：“以前他修了那么多年佛法都未悟道，怎么一下子就开悟了呢？且叫一个人去试他。”

于是，马祖禅师派自己的弟子前去试探大梅禅师。这个人见到大梅禅师，就问道：“师兄，师父说了什么话让你顿悟了呢？”

大梅禅师回答：“即心即佛。”

这个人说：“师父现在已经不说‘即心即佛’了！”

大梅禅师惊奇地道：“哦！那他现在说什么？”

这个人回答道：“师父现在经常说‘非心非佛’。”

大梅禅师听了以后，笑着说：“这个老和尚，不是存心找人麻烦吗？我才不管他的什么‘非心非佛’，我依然坚持我的‘即心即佛’。”

这个人回去告诉了马祖禅师，马祖禅师激动地说：“大梅真的悟道了。”

做人就应该有自己的主见，不要人云亦云，被别人牵着鼻子走路。只有坚持自己的思想，才能深入思考生命的意义，才能合理规划自己的人生。这样的人生，或许无关好坏，却容易显现非凡的特色。如果盲目参照他人的生活，没有自己的思想，就会打乱自己的生活。

有人说，真正决定一个人强大与否的，不是身高，不是体重，更不是长相与穿着，而是鲜活的思想！可是，有人又问了：鲜活的思想从哪里来？

我们来简单地举例：要想有鲜活的思想，就必须做到无论是顺境还是逆境，不管是一马平川还是荆棘遍地，都要有一种勇气，并且落实到行动上。在这个过程中，我们会体验到酸甜苦辣，会从中得到一些感悟和不同于从前的心态。而这，就是思想了。

你有了思想，那所说的话总是鲜活的，有着不同于他人的魅力，甚至会从他人的身上再找到一些自己所需的东西。慢慢地，你的思想就会越来越丰富，甚至会让整个人看起来都不一样了。

相反，如果你一味地跟着他人的思想，依附他人，成为思想的寄生虫，那就永远无法体会到自己人生的精彩。

2. 只有不迷信权威，才能取得进步

路是脚踏出来的，历史是人写出来的。人的每一步行动都在书写自己的历史。

——吉鸿昌

孟子曰："尽信《书》，则不如无《书》。吾于《武成》，取其二三策而已矣。仁人无敌于天下，以至仁伐至不仁，而何其血之流杵也。"意思是说：不能一味地遵循书本里的内容和道理，要有怀疑批判的精神。

真理往往来自于那些坚持自己主见并为之付出努力的人。当我们羡慕甚至嫉妒那些人时，或许这些真理往往也只离我们一步之遥，只不过我们执着于前辈的经验，甚至被强迫执行了前人的方法，而与真理失之交臂。

不要迷信权威，要树立独立思考的科学精神，尽管人类历

史上举足轻重的古代四大发明都是由中国人发明的，但有一个客观的事实就是，几乎所有的现代工业文明都是西方人的成果。不管是对思想哲学的探讨还是对科学技术的研究，中国学者更愿意相信前人的经验和大师的成果，甚至盲目地相信古人、迷信权威，普遍缺乏创新和探索精神。于是造成了我们的思想成果却是先被他人所用。

人们经常秉持的观点是："别人都那样做，我也得那样做；某专家说应该这么做，我必须得这么做。"比如：据权威预测，房价将在未来上涨，于是人们纷纷贷款买房，结果正是那些热衷买房的人把房价抬上了天；据专家估计，某某股票会上涨，于是大家一窝蜂似的跑去买，没想到该股票竟大幅下跌，"套牢"了不少股民。

这些反常的市场现象，如实地反映出人们迷信权威的陋习，也在一定程度上显示了国人独立思考能力的薄弱。

通过翻阅历史，我们可以得出这样的结论：所有伟大理论的提出或伟大成就的达成，往往都是人们敢于打破权威的结果。从某种意义上说，人类就是通过不断地打破权威实现社会进步的。

在16世纪的时候，有一个人叫作布鲁诺，出生于意大利那不勒斯附近的诺拉镇。幼年时，他失去了父母，再加上家境贫寒，最终靠神甫们收养长大。

这个穷孩子自幼好学，全凭顽强自学，终于成为当代知识渊博的学者。

他在学习的道路上，一接触到哥白尼的《天体运行论》，立刻就激起了热情。从此，他便摒弃宗教思想，只承认科学真理，并为之奋斗终生。

布鲁诺信奉哥白尼学说，所以成了宗教的叛逆，被指控为异教徒并被革除了教籍。

1576年，年仅28岁的布鲁诺不得不逃出修道院，并且长期漂流在瑞士、法国、英国和德国等国家。他四海为家，在日内瓦、图卢兹、巴黎、伦敦、维登堡和其他许多城市都居住过。

尽管如此，布鲁诺仍然始终不渝地宣传科学真理。

布鲁诺指出，千千万万颗恒星都是如同太阳那样巨大而炽热的星辰，这些星辰都以巨大的速度向四面八方疾驰不息。它们的周围也有许多像我们地球这样的行星，行星周围又有许多卫星。生命不仅在我们的地球上有，也可能存在于那些人们看不到的遥远的行星上。

他以勇敢的一击，将束缚人们思想达几千年之久的“球壳”捣得粉碎。布鲁诺的卓越思想使与他同时代的人感到茫然，为之惊愕！

也是因此，布鲁诺在天主教会的眼里，是极端有害的“异端”和十恶不赦的敌人。最后在1600年2月17日，布鲁诺在罗马的百花广场上英勇就义了。

由于布鲁诺不遗余力地大力宣传，哥白尼学说传遍了整个欧洲。天主教会深深知道这种科学对他们是莫大的威胁，于是1619年，罗马天主教会议决定将《天体运行论》列为禁书，不准人们宣传哥白尼的学说。

随着时间的推移，我们慢慢知道了：他是对的！他没有做错！至今，他的名字还依然在历史的长河中占有重要的位置。

可见，只有那些敢于怀疑权威甚至颠覆权威的人才有可能成为社会进步的推动者。而那些只知道迷信权威的人只能随波逐流，淹没在人类历史的长河中，永远无法取得伟大的成就。

股神巴菲特也曾说过：“要相信自己的判断，我的投资就完全取决于自己的判断，只要是我感觉能够赚钱的股票就一定会大胆地购买。”股神巴菲特之所以对所谓的专家意见嗤之以鼻，是因为他“完全不相信有能够预测市场走势的人”。

有句话说得好：“实践是检验真理的唯一标准。”如果我们想取得人生的进步，就不能一味地迷信权威，在借鉴权威意见的同时，我们一定要保持自己的思想，永远不能放弃独立思考。而独立思考，是人类区别于动物的重要标志。

3. 不要让你的思想被权威意见所禁锢

真理是时间的孩子，不是权威的孩子。

——布莱希特

亚里士多德曾说过："两个铁球，一个10磅重，一个1磅重，同时从高处落下来，10磅重的一定先着地，速度是1磅重的10倍。"

但伽利略大胆地对亚里士多德的学说提出了疑问。经过深思熟虑，他决定亲自动手做一次实验：他带了两个大小一样但重量不等的铁球，一个重100磅，是实心的；另一个重1磅，是空心的。伽利略站在比萨斜塔上面，望着塔下。塔下面站满了前来观看的人，大家议论纷纷。有人讽刺说："这个小伙子的神经一定是有病了！亚里士多德的理论不会有错的！"

实验开始了，伽利略两手各拿一个铁球，大声喊道："我要用实验告诉你们真理。"说完，他把两手同时张开。人们看到，两个铁球平行下落，几乎同时落到了地面上。所有的人都目瞪口呆了。

通过这个实验，我们知道：一些权威的话也不是全都对的，权威并不等于真理。就像当时的人们早已习惯了认为亚里士多德是正确的。人们在对某个事物做出评判的时候，往往容易被权威的意见所左右，或干脆把权威的话当作自己行事的标准。久而久之，人们难免会陷入一种"权威至上"的思维模式，令自己的思考能力囿于一种固定的框架，失去自己独立思考的能力。

可以说，迷信权威是阻碍个人发展最大的敌人之一。因此，在面对任何事情时，我们都应该首先打破权威的禁锢，要坚持自己的想法，勇于探索新的道路。只有这样，我们才能实现个人和事业发展的突破。

从前，有一个人想成为一个艺术家。于是，他就计划去明星报社应聘，然后再找机会实现梦想。可是，他没有被录用。

虽说，这次失败给了他不小的打击，但他还是为自己打气：我一定能行。后来，他临时找到一个替教堂作画的工作，虽然报酬很低，但可以勉强为生。

后来，他在马戏团干过，在很多地方都干过，但无论何时，他都不忘记自己的初衷——成为一个艺术家，并且他时时刻刻都告诉自己："我一定能行！"

在他前行的道路上，有讥讽他的，有反对他的，甚至有谩骂他的。一次，有一个艺术家很瞧不起他，说："你不适合做一个艺术家！"但他没有灰心，从不把这些声音放在心上，而是长年累月地坚持。

最终，他成功了！等他衣锦还乡时，那些曾经讥讽、反对、瞧不起他的人纷纷前来，开始奉承他，说他的好话。

在社会中生存，人们总会不自觉地被社会的主流意识所局限，而这种主流意识通常来自于所谓的权威论断。受这种局限的影响，我们常常会形成一种崇信权威的思维模式，认为权威的就是对的，别人的就是对的。无疑，这无论对个人来说，还是对整个社会发展来说，都是件非常可怕的事。

很久以前，英国哲学家罗素在一次讲学的过程中，故意在黑板上写下"2＋2＝?"，然后，罗素这位名人兼权威请在场的听众做出回答。

尽管这是一道连小学一年级学生都能解答的问题，可是台下许多听众竟不敢正面回答。

在他们的想象中，这恐怕是罗素让大家思考很深奥的疑难问题。罗素见无人敢回答，便笑着说："2加2等于4呀。"

罗素之所以先来这么一手，是在告诫人们：没有必要迷信名人或权威！否则，就会连非常简单的事实也不敢承认，还谈什么迈向成功呢！

其实，迷信名人或权威的人，往往缺乏自己的主见，容易轻信别人，原因之一是缺乏自信心。有些人对自己的看法常常盲目持怀疑态度，这样一来，别人的看法就会取而代之。他们缺乏思考，做事当然拿不定主意，这样对别人的意见也就只有盲从的份儿了。人应该是自己思想的产物，如果我们的思想一直被权威所左右，那我们岂非变成了众多权威的"傀儡"？

从另一方面讲，人们对权威的迷信是因为缺少必要的知识。因为你不了解某个领域，因此才会把研究那个领域的权威视为神明。所以，要打破权威的"垄断"，我们一定要努力扩充自己的知识，并通过深度思考把知识转化为自己对事物的正确认识。

要知道，人的可贵之处就在于有主见，有创见，不随波逐流，不看眼色行事，这种人才是有思想、干实事的人。更重要的是，你的思考是完全发自你内心的主观活动，而不仅仅是对权威意见的评判和反思。只有建立了自己的思想，你才能够掌握你自己的人生。

4. 敢于向强者挑战，建立新规则

人的一生中，最光辉的一天并非是功成名就那天，而是从悲叹与绝望中产生对人生的挑战，以勇敢迈向意志那天。

——福楼拜

花朵承受了风雨的击打，才会有更加美丽的身姿；野草经受了燎原的野火，才有来年的旺盛景象；雏鹰接受了狂风的吹打，才有遨游天空的优雅；仙人掌接受了沙漠的考验，才有生命的奇迹。万物之灵的人只有敢于向自我挑战，才能创造不断超越的奇迹。人生只有经历无数的挑战，生命才能焕发光芒，敢于挑战，便是成长。

有一天，龙虾与寄居蟹在深海中相遇，寄居蟹看见龙虾正把自己的硬壳脱掉，露出娇嫩的身躯。

寄居蟹非常紧张地说：龙虾，你怎么可以把唯一保护自己身躯的硬壳也放弃呢？难道你不怕有大鱼一口把你吃掉吗？以你现在的情况来看，连急流也能把你冲到岩石上去，到时你不死才怪呢？

龙虾气定神闲地回答：谢谢你的关心，但是你不了解，我们龙虾每次成长，都必须先脱掉旧壳，才能生长出更坚固的外壳，现在面对的危险，只是为了将来发展得更好而做出的准备。

寄居蟹细心思量一下，自己整天只找可以避居的地方，而没有想过如何令自己成长得更强壮，整天只活在别人的荫庇之下，难怪永远都限制自己的发展。

在生活中，有很多像寄居蟹一样的人，自己活在他人的庇佑下，不去鼓励自身的发展，还去为别人的未来担心。有这个时间，我们为什么不用来强化自己，向更大的方向努力呢？即使不知道前方是风平浪静还是波涛汹涌，我们也要有“强者”的心态和勇气。

我们想想，如果于谦不给生命一个挑战，冒死相谏，何以有明朝由衰败到复兴的时刻？如果吴越之战，越王率残部败逃，那越国被灭的局面还有可能挽救吗？如果勾践不给自己的人生一次挑战，等待着灭国的来临，那还会有向吴国请降，保存越国的实力而复国的壮举吗？

而这，正是他们敢于向强者挑战的结果。只有给人生一个挑战，才能有所突破，创造生命的奇迹，有时候摔了一跤，并不意味着“你不行”，而是代表着你在向众人证明自己是如何站起，如何重新开始的过程。

从古至今的故事，都在告诉我们：只有敢于向强者挑战，才有资格和机会建立自己的规则。大的方面不说，就连大自然中的小动物，也在向我们证明这个道理。比如：柔弱的蚯蚓，没有强劲的筋骨、锋利的牙齿，却能够上食埃土、下饮黄泉，用柔弱之躯开辟出属于自己的一片土地，让生命焕发光彩；笨拙的蜗牛，没有宽阔的翅膀、雄健的利爪，却能够锲而不舍、坚持不懈，让渺小的自己坚定地站立在金字塔之巅，来俯视整个大地。

连这么小的动物都能明白这个道理并能做到，我们也一样能做到！因此，勇敢地向强者挑战吧！说不定，你就是下一个奇迹！

5. 人要有主见，切勿人云亦云

别人写的那是别人的看法，诗这东西主要靠理解。人云亦云，那是问心有愧的！

——冯至

（著名现代诗人、翻译家，曾担任北京大学教授）

在生活中，我们经常会遇到这样的情况：别人买什么，自己就买什么；别人干什么，自己就跟着干什么；就连别人吃什么，也要照着来……真是没有一点主见！

像这种没有主见的生活方式，正像拉磨的驴一样，没有目的，只知道绕着石磨不停地转，却不知道为什么转，只能受别人的支配，听取别人的意见，始终无法活出自己的精彩，不用说无法取得成就，就算有了一定的成就，也没有成就感。

试想，一个没有主见的人在做事情时，肯定会少不了别人的质疑、批评和非议，甚至会影响自己的人生。

泰戈尔曾说："我决不能劝告你们总是走我的老路！我在你

们这个年纪时，也曾把船解开，让它从码头漂出去，迎接狂风暴雨，谁的警告都不听。”可见主见的重要性。

有这样一则故事：

汉武帝刘彻是有名的一代明君，但在他登基之初，就遇到了一个大难题，就是各地藩王势力过大，直接威胁到了刘彻的江山。

一开始，刘彻在与大臣们商议削藩的事情时，众人七嘴八舌，说得刘彻没有了主见，不知道该如何是好。

有一天，在处理完政务之后，刘彻带着几名随从出了皇宫。因为削藩的事，刘彻心里非常烦闷，就来到集市上随便逛逛，舒解一下心情。

刘彻逛到一个算命的面前，被那个算命的吸引住了。那个算命的一身粗布衣服，头戴一顶书生帽，面前摆着一张桌子，桌子上是文房四宝，边上竖着一根竹竿，竹竿上挂着一块布条，上书“测字”两个大字。

刘彻本来不信鬼神，但是想到今天闲来无事，倒不如看看这算卦的到底灵不灵，于是走上前去，唤了一声：“老先生，我想测字。”

算命的看也不看刘彻，直接把竹筒和毛笔推到刘彻面前，让刘彻写一个字。刘彻拿起笔来，随手写了一个“削”字。

算命的看完这个字，抬头对刘彻说：“此字不解也罢！”说完，起身就要走，刘彻不明白是什么意思，就追问算命的，为什么不能解这个字？

算命的站起身来，没有就此离去，望着南方说：“削不削不在别人，而在你，只要你想削，办法总会有的。”

刘彻听完这句话，暗自想：今天是碰到高人了！后来，他请算命的回宫做了自己的幕僚，而这个算命的就是东方朔。后来的“推恩令”，就是东方朔参与制定的。

东方朔简单的一句“削不削不在别人，而在你，只要你想削，办法总会有的”，道明了做人的原则，那就是：千万不要被别人的意见左右自己的思想和做法，要听从自己的意念，有自己的主见。也正是因为这样，汉武帝最后才顺利削藩，而没有引起天下大乱。

朱光潜教授告诫我们：“做人要有主见，千万不要随波逐流，人云亦云。一个毫无主见的人，不但学术上会没有任何成就，而且事业上也不会取得成功。”

林语堂在创作之初，总喜欢写一些“幽默”“闲适”的散文随笔等文章。虽然并没有因此取得多么骄人的成绩，但是林语堂却依旧乐此不疲。鲁迅先生读过他的散文随笔后，就好心地劝他：“你不要搞什么‘幽默’‘闲适’的散文随笔了，这样不如去翻译几部英国名著。”

但是，林语堂并没有听这位好朋友的忠告，他依然我行我素。终于，他经过努力名声日隆，成为了我国首屈一指的散文大家。而他在美国用英文写的长篇小说也被译成中文，一出版就获得了大量好评。

了解林语堂的人都知道，他一生所做的译作少之又少。如果林语堂当年听了鲁迅的劝告，从事翻译工作而放弃创作，那他可能也会做出不凡的贡献，但是却不一定比现在的成就更高。

林语堂的故事让我们明白：对于他人的意见，就算是像鲁迅这样目光如炬的伟人，也千万不要一味地服从，我们要有自己的主见。因为只有我们自己最了解自己，别人取得再高的成就，再伟大的人帮我们做的抉择，也比不上自己做出的抉择更可靠。

因此，我们一定要有主见，要学会自己选择适合自己走的路，而不是让别人支配自己，千万不要让别人牵着我们的鼻子往前走。

6. 有勇气坚持自己的看法

一切事物都有几种看法，我所说的只是一种看法，你不妨有你自己的看法。

——朱光潜

（著名学者、美学家、文艺理论家，曾担任北京大学文学院院长）

生活中，没有主见和思想的人，总是浑浑噩噩地活在这个世上，仿佛是一个只有躯壳的人。而那些能够坚持自己的主见，不因他人的言语而轻易动摇的人，才是一个有灵魂、有思想、有血有肉的人。

从前，有太行、王屋两座大山，高达七八千丈方，方圆达七百里。它们本来位于冀州的南部、黄河北岸。

北山有个叫愚公的人，年纪将近九十岁了，住在两座大山的正对面。愚公苦于山北面道路阻塞，进进出出都要绕远路，于是召集全家人商量说："我和你们用尽全力铲平两座险峻的大山，使路一直通到豫州南部，到达汉水南岸，好吗？"

大家纷纷表示赞同他的意见。

愚公的妻子提出疑问说："凭您的力量，连魁父这样的小土山都不能铲平，又能把太行、王屋这两座大山怎么样呢？况且把挖下来的土石放到哪里去呢？"

大家纷纷说："把土石扔到渤海的边上，隐土的北面。"于是，愚公带领子孙中能挑担子的三个人，凿石头，挖泥土，用箕畚运送到渤海的边上。邻居姓京城的寡妇有个孤儿，刚七八岁，蹦蹦跳跳去帮助他们。冬夏换季，才往返一次呢。

河曲的一个聪明老人笑着阻止愚公说："你太不聪明了！凭你的余年剩下的力气，还不能毁掉山上的一根草，又能把泥土和石头怎么样？"

北山愚公长叹一声说："你思想顽固，顽固到不能改变的地步，还不如寡妇和弱小的孩子。即使我死了，还有儿子在呀；儿子又生孙子，孙子又生儿子；儿子又有儿子，儿子又有孙子；子子孙孙没有穷尽的，可是山不会增加高度，还愁什么挖不平呢?"河曲智叟没有话来回答。

山神听说了这件事，怕他不停地挖下去，向天帝报告了这件事。天帝被他的诚心感动，命令夸娥氏的两个儿子背走了两座山。一座放在朔方的东部，一座放在雍州的南面。从此，冀州的南部，汉水的北面，没有高山阻隔了。

暂不去讨论愚公移山实际上是否可行，但是愚公移山的精神已经传唱了多少朝代，愚公坚持自己，甚至于有些执拗行为，正是做事成功的关键，这正是我们需要学习的地方。

可是，总有人难以坚持自己的主见，甚至没有主见，更别说坚持了。有这样一篇寓言：

有一只狐狸一不小心就掉进深井了。由于想不出逃脱的方法，所以它就像囚犯般地被拘禁在井底，大喊救命。

此时，一只山羊路经此地，听到救命声就停下了脚步。当它看到井里的狐狸，就调侃道：井水的味道怎么样啊？你怎么还不出来了?

狐狸没心情跟它瞎掰，就没回应。但它转念一想，为何不借此机会救出自己呢？于是，狐狸极力夸赞水质之优美并鼓励山羊下到井底尝尝。原本不口渴的山羊被这么一说，还真有点口渴了。于是，它就跳进井里了。

果然，这井水很是鲜美。等到山羊解渴后，却发现自己和狐狸一样待在井里出不去了！正在埋怨时，狐狸不耐烦地打断了它，并且出了个主意说："你把前脚放在墙上，头部低俯。我跳到你的背上，便可爬出这口井。等我出去了，我再救你出去怎么样?"

听到狐狸如此好心的建议，山羊同意了。于是，狐狸跃到山羊的背上，抓住山羊的两只角，稳步地爬到井口，然后拔腿就跑。山羊没想到狐狸竟然忘恩负义，见死不救，便痛骂狐狸毁约，而狐狸则转身，慢悠悠地说道："真是一个笨蛋！假如你的聪明能像你的须子那样茂密，你就不会在摸清出路之前，就往井里跳，更不会让自己置于困境中！"

是啊，山羊不进行独立思考，就盲目地相信狐狸的话，结果让自己面临困境。事实证明：一味听别人的意见，缺乏自己独立判断的人，很容易乱了阵脚。因此，人应当有主见，才不会受非正确意见的影响。

7. 守住自己，不必羡慕他人

微小的幸福就在身边，容易满足就是天堂。

——海子

（毕业于北京大学，著名诗人）

现在的社会，有太多的诱惑，有太多的羡慕，有的人常常幻想着一觉醒来得到所羡慕的一切。古代有这么一则寓言：

猪说假如让我再活一次，我要做一头老黄牛，虽然工作累点，但是名声很好，让人爱怜；牛说假如让我再活一次，我一定要做头猪，吃完了睡，睡完了吃，不用出力，不用流汗，活得赛神仙；鹰说假如让我再活一次，我要做一只鸡，渴了有水，饿了有米，住有房子，还受到人们保护；鸡说假如让我再活一次，我一定要做只雄鹰，可以尽情地翱翔天空，云游四海，任意捕兔捉鸡。

这是挺有意思的一种现象，真所谓风景在别处。总是在羡慕他人，这大概是人们的一种共同天性，只是羡慕程度大小不同罢了。

小孩子总是仰慕大人的成熟稳重，大人也会顾念小孩子的清纯率直；女孩子向往男孩子的直爽坚强豪放，男孩子也会偷偷艳羡女孩子的可爱娇嗔灵动；普通人往往钦慕名人的卓越尊显，名人又何尝不垂涎普通人的平凡？

生活中，有些人既抱怨自己生不逢时，怀才不遇，抱怨上苍的不公，使名利与自己无份，富贵与自己无缘，又对自己已经拥有的视而不见。其实，一个人能够来到这个世界上生存就是一种福气。无论你是谁，身在何处，一定会有许多熟悉的或陌生的人在羡慕着你。试想我们在羡慕别人的时候，自己也是别人眼中的风景，那么，我们就会心平气和一些，心满意足一些。

战国时期，越国有个出名的美女，名字叫西施。她的一举一动都很美，引人无限遐想。但她患有胃病，疼痛时经常用双手捂着胸口，皱着眉头。即使这种病态，也没能掩盖她的美丽，反而使她显得更加妩媚。

同村有个长得很丑的女子，名字叫东施。虽然人长得不怎么样，但是很爱美。她以为西施之所以美，就是因为经常捂着胸口、皱着眉头的原因。

于是，东施也学着西施的样子，一出门就用双手捂着胸口，把眉头皱得紧紧的，走路一步一扭的，装出一副弱不禁风的样子，自认为很美。实际上，人们看到东施矫揉造作、无病呻吟的样子，不但不感到美丽，反而感到恶心。所以同村的人，只要看到东施一扭出家门，有的人就赶快关上大门，有的人就连忙领着子女远远地躲到村外去了。

东施虽然长得不漂亮，但只要老实本分，不装模作样，人们也不至于会讨厌她。这个故事告诉我们：向别人学习要有正确的态度，一定要从自己的实际情况出发，不能盲目仿效，生搬硬套，否则因羡慕别人而丢失自我的话，只能收到适得其反的效果。因此，做人要守住自己，不去盲目地羡慕他人，做最好的自己，才是正途。

俗话说，这山望着那山高，这是人性决定的。那么怎么克服这种心态，才能守住真正的自己呢?

首先是要正确地认识自己，不低估自己，准确地给自己定位，最大程度地发挥自己的潜能与优势，遇到不顺心的事以豁达的心态对待，才能把命运掌握在自己的手中。

而有些人却不这样认识，喜欢拿那些我们认为比较完美的人生来作比较，比较人生差距，这样就会因为自己人生的缺憾而徒生烦恼。人就是这样，总是不切实际地希望能过上他人的生活。

其次是每个光鲜亮丽的背后都有一段血泪史。那些我们所羡慕的人，有着他们的不如意。就像正面看孔雀开屏艳丽十足，后面看到的却是丑陋不堪！虚荣心促使人们只愿把风光的一面展示给他人，叫作神龙见首不见尾，有正面就有负面，就像人们常说的“要想人前显贵，必须人后受罪”一样。

人们追求完美，追求生活的高质量，本无可厚非，但是如果因此而脱离了自身的实际，去盲目地羡慕别人，是永远也不能真正模仿到别人的。所以，只有守住自己的本心，守住自己所拥有的，厘清自己真正想要得到的，才能看穿迷雾，获得真正的快乐！

所以，在这个多姿多彩的世界，每个人都有属于自己的生活方式，实在是没有必要去羡慕他人。珍惜自己所拥有的一切，同时祝福别人的拥有，经营好属于自己的一份生活，同时也希望别人生活得更美好。唯有如此，才能酿造出一份没有遗憾的美好。

8. 把握好自己的人生天平

我们要讲平衡，不要走极端。

——温儒敏

（曾担任北京大学中文系教授）

人生就好似一个天平，人们在它的一边放上守住自我，在它的另一边放上外界的诱惑。只有处理好这两者在人生中的比重，天平才得以平衡，人生才会更有意义。

北京大学温儒敏所说的“平衡”，对现代人来说，至关重要，它包括工作的平衡、生活的平衡、心理的平衡等。如果平衡被打破，生活中的很多烦恼和痛苦就会随之而来。

春秋战国时期的范蠡，不但是治国的良相，还是一个潇洒的巨商。他出生在楚国，博学多才，素有大志，只可惜，刚开始时局动荡的年代，没有用武之地。

终于有一天，他在楚国名士文种引荐下同赴越国任职，成为越王勾践的左膀右臂。范蠡向勾践献策美人计，助越王勾践卧薪尝胆，最后把吴王夫差打败。范蠡为越王勾践立下大功，成为越国开国元勋，但是他没有留下享受荣华富贵，而是急流勇退，离开勾践，表现出人生豁达的心态。

范蠡带着家人，抛家弃产离开了越国，到有山有海、有林有田的齐国海畔，在海边耕田，再创家业。他在当地购买了一些土地，还亲自饲养贩卖五畜。等有了一定的积蓄之后，就利用天时、地利之便雇人开盐田，搞渔业捕捞，还兼营杂粮等生意。范蠡善于捕捉市场信息。他对人温和友善，为人也慷慨大方，遇到天灾人祸时，他总是乐善好施，常开粥场赈济灾民。

他就是以这样的行事风格，在齐地种养经商，勤勤恳恳，在与家人的齐心协力之下，很快就积累了高达数十万的财产。齐王听说范蠡搞经济很擅长，便力邀范蠡进国都临淄做主持政务的相国。范蠡欣然答应。他大力发展经济，奠定了齐国经济与文化繁荣的基础。三年之后，齐国民富国强，而这时，范蠡又做出了一个惊人之举：他向齐王归还了相印，决定散尽家财再次远走他乡。他把财产分散给知交和那些贫苦的老乡，再一次抽身离去。

范蠡辗转来到陶邑，安顿下来。逍遥自在，便改姓更名为朱公。花甲之年的范蠡又开始做生意，从小买卖开始，又一次重创家业。他做起了贩马的生意，成功赚了一大笔钱。没过多久，他又在陶邑发家致富了。他富了就爱施舍，施舍不但不要回报，还喜欢帮助穷人一起致富。

鲁国穷士猗顿，做什么都摆脱不了贫困，就向范蠡讨教致富秘方。范蠡坦诚告诉他致富方法，并赠给猗顿二十头牛，猗顿开始起步，终于富甲一方，他还被司马迁在《史记》中列在范蠡、子贡、白圭等巨商富人之中。

范蠡种田、经商也样样能成功。他到哪儿就能在哪儿驰名天下。他出身贫寒，为越国称霸中原立下汗马功劳，却不留恋权位，在功成之时，名遂身退；他弃官从商，以治国之策治家，终于成为巨富而名闻天下；他又不贪恋钱财，在巨富之时，十九年三掷千金。

有人请教他成功之道，他哈哈一笑，说：“穷富之别，看的是你的心。只要有心，生财之道无处不有。”

很显然，范蠡在位高权重与平常百姓、贫穷与富裕之间掌握了平衡。在出将入相后，他能毅然放弃位高权重；在富裕后，他能一掷千金，毫不吝财。他在富有与贫穷、得到与失去中，找到了属于自己的平衡。

实际上，上帝是公平的，他给每个人的砝码一样多，任由你在人生的天平上随意摆放。当你选择左边上升时，右边必然会下沉；选择右边上升时，左边必然会下沉。得到的时候一定会伴随着失去，就像富裕后的成功人士，虽然开好车、住好房、从不缺钱花，但却很难享受平凡人的悠闲生活。又像奋斗者为实现理想努力拼搏时，蓦然回首却发现为实现成功却让自己满身伤痕；享受者回首往事，虽然每天都有精彩快乐，但对于未来，却是茫然一片。人生的天平就是这样，得失相随，祸福相依。

对于我们每个人来说，就是要做到人生天平没有倾斜。在这方面，北大的王选教授就做得非常好，他说："中国古代有句话，上士忘名，将名利彻底淡忘；中士立名，靠自己的成就把名立起来；下士窃名，自己不行就窃取人家的。我做不到上士，因为我做不到忘名的地步，但是我不会为了立名而去窃名。"

王选教授声明赫赫，职衔很多，但他唯独对"老师"这个称谓情有独钟、看得很重。他的名片上，最常用的是"北京大学计算机科学技术研究所教授王选"。用他的话说："这张名片是永恒的。"这反映出他淡泊名利的处世哲学。他的很多作品在当时并不被接受，直到他去世之后，人们才发现他作品的伟大艺术成就。

北大教授季羡林说："希望每个人对我都好……那是根本不可能的。"因此，我们要看淡别人的赞美与嘲笑，因为这些都是用别人的好恶与标准衡量的，我们应该用淡然的心态对待，坚持自己的原则，甩掉为迎合他人而带给自己的包袱，放弃太在意别人的心态，用轻松的心态对待自己。

9. 心存善念，仁者爱人

人啊，你要有善良的心、丰富的心灵、高贵的灵魂，这样你才无愧于人的称号，你才是作为真正的人在世间生活。

——周国平

（北京大学毕业，著名哲学家、作家）

善是到达彼岸的风帆，善亦是走出黑暗的明灯，心存善念、与人为善，灵魂便得到洗涤，心存善良、与人为善，世界便更加美好。《三字经》写到“人之初，性本善”。然而，人生在世，免不了与人打交道。在错杂的人际关系中，最初的善会不断遭受到环境的冲击，而那些隐藏在深处的恶念就会慢慢出现。于是，人便有了善恶之分。但不管怎样，善良总归是人类的本性，遇到事情，总是以善为首，这也是心性使然。

曾国藩曾经说：“善莫大于恕。”它的意思是说，最大的善念就是宽恕。善念是个有力武器，使我们在与不良环境对抗时稳操胜券，使我们在成长的过程中不忘人类本性。

秦穆公是春秋时代秦国国君，他是一个宅心仁厚、不计较小事的人。《资治通鉴》中有这样一个故事：

秦穆公曾经外出王宫而因此丢失了自己的骏马，他亲自前往去找他的马，看见有人已经把自己的马杀了，还正在一起吃马肉。秦穆公对他们说：“这是我的马。”这些人都惊恐地站起来。

秦穆公说：“我听说吃骏马的肉但不喝酒的人会死的。”于是，秦穆公给他们酒喝。杀马的人都惭愧地离开了。

过了三年，晋国攻打秦穆公，把秦穆公围困住了。以前那些杀马吃肉的人互相说：“我们到了可以以死报答穆公给我们马肉吃、好酒喝的恩德的时候了。”

于是，食马者连同秦军击溃了包围秦穆公的军队，秦穆公终于解决了困难，并打败晋国，把晋惠公抓了回来，在食马者的帮助下，秦穆公最终取得了战争的胜利。这就是给人恩惠而得到福佑的回报。

是什么力量使那些食马者不计回报地帮助秦穆公打仗呢？当然就是秦穆公的善念之心。秦穆公看见有人宰杀自己的骏马，却没有发怒，依然守持着善念，不责怪，不辱骂，化嗔恨为和平，转暴戾为祥和。在善念面前，顽石也会点头，强盗也能被感化。

而在现实生活中，我们可能与他人处于不同的立场，就出现了善与恶的争斗。比如遭到所谓的“恶人”的谩骂，或许我们会用言语反击，但此时，这样与那些轻贱我们的“恶人”又有什么不同之处呢?

白芳礼，一位平凡的老人，十几年如一日地顶风冒雨奔波在街头，省吃俭用，用蹬三轮车积攒的35万元钱资助了近300名贫困学生的学费与生活费。

1913年5月13日，白芳礼在河北沧州的一个农村出生。他从小没念过书，一辈子也不识几个字。13岁时，白芳礼离开河北老家，靠蹬三轮车糊口；新中国成立后，他成为运输场的一名工人，靠拉三轮车，他成了劳动模范。虽然不识字，他却很喜欢知识，尤其喜欢有知识的人。

1987年，白芳礼老人做出了令全家震惊的决定：捐出多年蹬三轮车积攒下的5000元钱给老家的学校办教育；同时，继续在城里蹬三轮车助学支教。那一年，老人已经74岁。

老人一般都是在天津火车站迎送过往的旅客，并把注意力集中在有特殊困难的人身上。他在那辆破旧的三轮车上挂起了一幅写着“军烈属半价、老弱病残优待、孤老户义务”字样的小红旗，对部分乘客实行价格优惠。

2010年5月，白芳礼老人被确诊为肺癌晚期，经过近两个月的住院治疗，于7月初出院回家休养。9月，老人病情再度恶化，高烧的同时神志不清，已经处于昏迷状态，只能靠输液来维持生命。在经历了20多天的深度昏迷后，23日早晨，这位“感动中国”的老人静静地走完了人生之路。

白芳礼从没想过要得到回报。捐助的款项，也大多是通过学校和单位送到受助学生手里的，老人从没有打听过学生的姓名。有人试图在老人那里找到曾经被资助的学生名单，但只发现一张他与几个孩子的合影——这是唯一的一张照片。当被问到对受他资助的孩子有什么要求时，老人的回答很朴实：“我要求他们好好学习，好好工作，好好做人，多为国家做贡献。”

白芳礼老人的“善”正是我们需要学习的。俗话说：人心都是肉长的，存一份善念在心中，你可以感化人心，使“恶人”良心发现，即便不能感化对方，你也问心无愧。存善念常能给我们带来好结果。

心存善念，与人为善，绝不是一种简单的同情心，它是一种无形的相助，一种博大的爱，是一种纠正世俗的春风。只有以博大的胸怀去宽容别人、包容别人，我们才能拥有好的心态和处世之道，我们的生活才会幸福。

10. 诚信是安身立命不可或缺的品德

走正直诚实的生活道路，定会有一个问心无愧的归宿。

——高尔基

什么是诚信？诚信就是诚实和守信，是中华民族的传统美德，更是我们立身处世的行为准则，也是衡量一个人道德品行优劣的具体标准。自古就有人说：“人无信不立，业无信不兴。”“君子一言，驷马难追。”可见诚信的重要性！诚信是做人的根本，我们只有讲诚信，才可以得到别人的信任，才可以在社会中立足。

有这样一个故事：

有一次，曾子的妻子准备去赶集，由于孩子哭闹不已，曾子妻许诺孩子回来后杀猪给他吃。

曾子妻从集市上回来后，曾子便捉猪来杀，妻子阻止说：“我不过是跟孩子说着玩的。”曾子说：“和孩子是不可说着玩的。小孩子不懂事，凡事跟着父母学，听父母的教导。现在你哄骗他，就是教孩子骗人啊。”

于是曾子把猪杀了。曾子深深懂得，诚实守信、说话算话是做人的基本准则，若失言不杀猪，那么家中的猪保住了，但却在一个纯洁的孩子的心灵上留下不可磨灭的阴影。

因为对孩子的一句“玩笑话”，曾子做到了诚信，也树立起了父亲的形象。如果曾子因为可惜而没有杀猪，或许就会让孩子认为自己是个不讲诚信的人。孔子曾说：“人而无信，不知其可也。”诚信是我们为人之本。如果连诚信都没有，那么他在社会上也就没有立足之地，一个人连立足之地都没有，又何谈实现理想呢？

从现在开始，我们要诚信做人，诚实做事，让诚信成为我们生活中忠实的舵手，载着我们走向更好的明天。

11. 不盲从，要听从内心的想法

我所说的话都是你所能了解的，但是我不敢勉强要你全盘接收。这是一条思路，你应该趁着这条路自己去想。一切事物都有几种看法，我所说的只是一种看法，你不妨有你自己的看法。

——朱光潜

（著名学者、美学家、文艺理论家，曾担任北京大学文学院院长）

一个人想要做自己、有个性，首先要懂得尊重自己，尊重自己的意愿，尊重自己的想法，能够坚持自我，而不是盲目跟从。

有这么一则故事：

王戎小时候曾和伙伴们外出玩闹，正高兴的时候看见路旁有几株李树，枝上挂满了李子，一个个看上去都已经非常熟了。伙伴们都兴高采烈地向李子树跑去，只有王戎站在原地一动不动，看着他们去李树下摘李子。

看着王戎站在原地，有一个同伴禁不住问道：“王戎你怎么不过去摘李子啊？再不去摘都被摘光了，这些李子长得可真诱人啊。”

王戎只是在一旁笑着回答道：“这些李子树上的李子摘下来肯定是不能吃的，你没看到这些路旁的李子都没人摘吗？如果李子很可口，就不会轮到咱们来摘这些李子啦，肯定早就已经被摘光了，所以说，这些李子肯定都是苦得下不了口。”

很快王戎的说法就被证明是正确的，伙伴们摘完李子送入口中，果然这些李子又苦又涩，根本难以下咽。

后来，王戎因平定吴国有功，被封为安丰侯，并且有“竹林七贤”之一的雅称。

《论语·述而》有言：“择其善者而从之，其不善者而改之。”意思是说，我选择他好的方面就学习，看到他不好的方面就对照着自己，如果自己也有那就改正。

当我们有了独立思考的能力和辨别是非的价值观之后，应该有自己的行为方式，有自己的习惯，有自己的作风，而不是一味地“从”于他人。

许多盲目跟从他人的人，在选择跟从之前，要去思考一下他人的想法或行为是否真的正确。而不是主观地认为对方有地位、有知识，就一定什么都对。

有时候，盲目跟从不但不会领你走向渊博、智慧的殿堂，反而让自己走进误区。盲从如同“邯郸学步”一般，是对内心的背叛，因为不敢反对或者不愿反对而盲目地追随别人的脚步，强迫自己接受错误的理念或者行径，盲从之人，终究会沦为笑柄。

北大有个非常胖的学者，叫傅斯年。有一次，罗家伦问他：“你这个大胖子，怎么能和人打架？”傅斯年有力地回道：“我以质量乘速度，产生一种伟大的动量，可以压倒一切！”

傅斯年不仅懂得尊重自己，不会因为别人的偏见否定自己，而且是一位从于内心的人，他不“从”于强权，不“从”于世俗之言，也正是他这样的精神，才有了今天在学术上的地位。不因体胖而自卑，傅斯年真正做到了把身体缺陷当成人生优势来看待，既不虚伪又有风度，这才是真实的傅斯年。

面对别人的嘲笑，傅斯年坚持自己；面对别人的耻笑，他不否定自己；面对强权，他不卑不亢，坚守自我。而这，就是蒋介石欣赏他的原因。

其实，每个人都有自己存在的价值，我们应该学习傅斯年这种精神，不要随意否定自己，而是应该尊重自己，不要让自己随波逐流，否则，就会成为一个如同鸡肋般的人，索然无味。

有个龅牙演员被导演相中了，让他去担任男配角，龅牙想：好不容易才能演电影，我得把龅牙给整了。这样出镜的话，就像其他明星一样光彩亮丽了。结果，当龅牙的牙齿整好，信心满满地来到片场时，导演反而不要他了，因为他失去了他的特色。

可见，做真实的自我要比盲目地跟从更值得关注。要是每个人都一样了，那世间岂不是少了很多美丽的风景？而做真实的自我，恰恰是一种个性，是别人模仿不来的！

第六课
兼容并包，一个人的气度决定他的格局

心量太小，难成大器。成大器者切忌独断专行，要有兼容并包倾听不同声音的气度，心胸狭隘终将自食恶果。独断专行不如谋之于众，彰显人性的光辉与温暖，利落坦荡之人必有众人相助。

1. 英雄不问出处，不拘一格降人才

教员之教授，职员之任务，皆以图诸君求学便利，诸君能无动于衷乎？自应以诚相待，敬礼有加。至于同学共处一堂，尤应互相亲爱，庶可收切磋之效。不唯开诚布公，更宜樽以相属，盖同处此校，毁誉共之。同学中苟道德有亏，行有不正，为社会所訾詈，已虽现行矩步，亦莫能辩，此所以必互相劝勉也。

——蔡元培

（曾任北京大学校长，著名教育家、革命家、政治家）

所谓英雄不问出处，一个人是否具有能力和才华，绝不是根据其年龄和学历来评判的，更不是拘于形式，而是注重实际能力！比如：周文王渭水访贤，萧何月下追韩信，刘玄德三顾茅庐……

众所周知，曾任北大校长的蔡元培十分懂得延揽人才，可谓是不拘一格。在他担任北大校长期间，从不会因为性格、年龄、学历等条件来限制人才的选用。当时，北大本科生的平均年龄在24岁左右。

24岁的梁漱溟，既没出国镀过金，也无国内大学文凭，因其勤奋好学，又有创见，便被蔡元培请来做北大讲师。梁漱溟当时和学生年龄差不多，甚至比学生（著名学者冯友兰、顾颉刚、孙本文、朱谦之等人）还小。其中，还有一些梁漱溟少年时的朋友，如雷国能、张申府。

此外，徐宝璜教授年仅25岁，刘半农、胡适等人也仅有二十七八岁。这些年轻教师给北大带来了前所未有的朝气。

纵观历史，凡成大事者，都能够不拘一格，招揽各类真正有才能之士，辅佐自己。如秦国丞相文信侯吕不韦信任年仅12岁的甘罗，并重用。

有一天，丞相吕不韦从外赶回家中，眉头紧锁。甘罗见状，便上前询问："君侯，为何事而闷闷不乐？"吕不韦说："大秦和燕国交好，燕王把太子丹送来做人质，我便亲自邀请张唐去燕国任相。但是，张唐曾经攻打过赵国，去燕国必要经过赵国，张唐害怕被杀，坚决不肯去。"

甘罗人小鬼大，听后说："这事简单，您莫愁，此事交给我！"

虽然吕不韦觉得他年纪轻轻口气不小，但还是让他前去试一试。果然，甘罗用拒绝当时的秦国丞相应侯范雎而死于非命的例子，说服了张唐，让张唐心甘情愿地任相燕国。

对此，吕不韦对甘罗是赞不绝口，并把他推荐给了秦始皇，派甘罗出使赵国。甘罗不费一兵一卒就让赵王划出了五座城邑。秦燕之盟也随之解散。赵国有恃无恐地进攻燕国，结果得到上谷三十座城邑，让秦国占有其中的十一座。

甘罗年纪轻轻，就已经才智超群，实在是一个人才。如果吕不韦因为其年龄小，就不敢信任和重用他，那真是秦的一大损失！

除此之外，还有曹操因“用人不疑，疑人不用”的原则，为自己赢得了“明公”的美誉。曹操之所以能够一统北方，最大的原因就是其帐下人才济济。为了招揽人才，他使用各种手段，有些是投靠的，有些是他打败对手俘虏的，但凡是能士，曹操都会不计前嫌并重用。

而当今社会，很多人过分注重学历，忽视了个人本身的能力和素质。因此，造成了一大批毕业生或步入职场的人选择“出国深造”，想给自己镀层金，好让“身价”再高一些。但其实，只要你有真本事，无论你是出于名校还是普通学校，总有一天会得到重用！当然了，如果此时的你是一名企业家或个体户，那也应该打破陈旧的“出身名门”的观念，综合考察一个人的能力，不要因为一个人的年龄、学历、出身等因素片面武断地否定一个人。

2. 对人才不求全责备

最糟糕的情况是抓住不放，小问题也会变成大问题。

——撒贝宁

（北京大学毕业，央视著名主持人）

“尺之木必有节目，寸之玉必有瑕疵。”一个人有才，是因为他在某方面有着过人之处，而并非他没有缺点却处处平庸。如果你总是盯着别人的缺点，就无法看到别人身上的优点！换句话说，如果你总感叹有才之人少，那是因为你没有一双善于发现优秀人才的慧眼！

春秋时期的卫国大夫子思，就是一位十分善用人才之人。

一次，他向卫侯推荐一个军事奇才，名叫苟变。此人精通兵法，善于韬略，能守能攻，并且战无不胜，守无不定，是一个难得的能统率大军的人才。

但卫侯并不认同，连连摇头对子思说："此人不可用，我已用过，他十分爱占小便宜，不守军纪，向农夫征收田赋的时候竟然白吃白喝百姓家的东西，还拿走人家不少东西。"

子思对此却并不在意，劝说道："苟变这人虽然有些小毛病，可如今乱世，诸侯纷争，正是能征善战之人的重要之际，平天下之乱，此人再合适不过了。君主，用人就如同木匠选材，要取其所长，弃其所短，一棵合抱粗的大树怎么能够因为它只烂掉了几尺，就把它扔掉不用呢？所以，微臣认为，不应该因为他擅自私拿佃户几个东西，就将此能够治世之人弃之不用啊！"

卫侯听罢，觉得子思言之有理，于是就接受了子思的推荐，重用苟变，任命为大夫。

从故事中，我们可以知道：不要因一些不影响大局的小节而斤斤计较，错过一个人才，那就因小失大了！世界上没有十全十美的人，我们应该纵观大局，忽略一些小缺陷！

俗话说得好：人非圣贤，孰能无过。善用人者，能够统筹大局，识得人才之才能，而不计其不足，任用时，用其所长，避其所短，让人尽其才，物尽其用。也就是说，对人才的选择标准，不要要求其各个方面都没有问题，而是要求其有自己突出的一面，在某一方面的才华过人，就足矣。

在这一方面，北大校长蔡元培就做得非常好！他对人才的挑选向来是着眼于此，不求全责备。只要在学术上和德行没有问题的人才，即使有些怪癖，也值得珍惜和栽培。但是，如果德行差的人，即使资历再深，蔡元培校长也绝不姑息迁就，一律辞退。

蔡元培认为：人才关键在于德行，能够认真对待学术，就可用之。他从不拘于小节，招揽人才时，都是着眼于大体，不会因为别人的议论而武断否定一个人，而是自己亲自考察，也正是他这种对人才不求全责备的态度，才使得北大创造了一次又一次辉煌。

1917 年，蔡元培想要聘任陈独秀为北京大学文科学长，反对声却一直不断。陈独秀为人耿直，言语犀利，刚正不阿，得罪了不少人。当然了，也有不少人怕他。不管怎么样，校内校外有很多人讨厌他。但蔡校长看重陈独秀的能力和才华，认为陈独秀是很有想法和影响力的人，能够打开一个新的局面，能够担当重任，因此毅然聘用了他。

蔡元培也十分器重、维护和支持陈独秀，也正因为如此，陈独秀才能够在北大站稳脚，得以施展才华。陈独秀由于其主编的《新青年》提倡民主科学思想，遭到了军阀政府和保守派的嫉恨，后来被迫辞去北大文科学长之职时，蔡元培力挺，并且为他保留教授职位，希望能够挽留他。但陈独秀还是离开了北大，这让蔡元培很是遗憾。

不过，陈独秀在北大期间，还为蔡元培推荐了一个人才，那就是年仅 27 岁的胡适。

作为一个领导者，必须能够着眼于大处，明白人没有十全十美的，而是“用人之长，容人之短”。如果，蔡元培想选择一个全面的人才，那不仅没有今天的陈独秀，也不会有今天的胡适了。所以说，即便人才有些小毛病或某些方面的缺陷，用人者也应抱有宽广的胸怀，包容其过去的过错，给其新的机会，将其才能为己所用！

3. 对外来文化，取其精华，去其糟粕

我有一个很狂妄的僻见：我观察近几十年的世界政治，感觉到民主宪政制度只是一种幼稚的政治制度。最适宜训练一个缺乏政治经验的民族。向来崇拜议会式的民主政治的人，说那是人类政治天才的最高发明，向来攻击议会政治的人，又说它是私有资本制度的附属品：这都是不合历史事实的评判。我们看惯了英国国会与地方议会里的人物，都不能不承认那种制度是很幼稚的，那种人才也大都是很平凡的。至于说议会政治是资本主义的政治制度，那更是笑话。

——胡适

（曾任北京大学教授，现代学者，历史学家、文学家）

清朝时期的闭关锁国政策，严重阻碍近代中国社会的发展，更使我国经历了一次血淋淋的惨痛教训。它让我们深刻认识到：盲目地排斥外来东西，不好好与外界沟通，选择与外界隔绝，那只能导致毁灭！

在当时，大量的西方文化涌入中国，大量的“洋货”充斥中国市场。西方的各种宗教信仰以及人文冲击着国人的眼球。新鲜事物的刺激，造成人们越来越盲目，甚至对传统文化的忽视……

蔡元培认为大学应该是海纳百川的地方，因此他极度反对墨守成规、抱残守缺、宗派习气，极力主张对中西文化兼收并蓄，融会贯通，对新旧文化要博采众长，将精华部分发扬光大。在蔡元培的带领下，北大以开放的态度办学，广采博收，囊括大典，吸收古今中外各种学术思想的文化成果。在英语系增设了法、德、俄及世界语等课程；物理系开设以居里夫人在巴黎大学讲课材料为主的近代物理；中国史学增加西洋史的课程并

改为史学系等，以至增加音乐、美术、绘画、武术方面的活动，更允许李大钊进行关于社会主义学说的研究和教学，等等。

鲁迅先生更是用生动的比喻表达了自己对西方文化的态度："打开窗户，清新的空气进来，苍蝇、灰尘也跟着进来。"然而，由于清朝时期的封闭，使得我们在很多方面落后于西方。因此，不少人对西方文化过度崇尚与迷恋。虽然，无论是对国家的发展，还是对个人而言，国外有很多值得我们学习和借鉴的先进文化，但这是建立在符合自身发展的基础上，并不是所有的都适合我们。

随着改革开放，无论是文化还是思想上，我们都受到西方文明很大的冲击，很多新鲜事物，一时间让大家迷了眼，乱了心，盲目地跟从。许多人会对外来文化产生一种跟风心理，只要是国外的就一定好，一定时尚、潮流，哪怕是明显的迷信或者错误的文化都会被一部分人推崇至深。

尤其是中国经济的飞速发展，越来越有钱的国人们，不断地走出国门，到外面开阔眼界。然而，随之而来的也有很多不好的现象。比如：中国人乐此不疲地欢度洋节，如情人节、圣诞节、复活节、感恩节等，许多商家为了赚取利益，更是大力宣扬花费大量金钱来庆祝节日，在洋节期间举行大规模的促销活动；越来越多的人以喝洋酒、开洋车、住洋房为荣；中国已经成为奢侈品最大的消费市场。简朴、节约的中国传统美德渐渐被抛弃，取而代之的是奢侈和攀比。世界每一天都会诞生新的潮流，盲目地跟风只能让自己疲惫不堪，甚至迷失自我。

无论是西方的节日，还是高级奢侈品，这些都可以给我们的生活带来更多的乐趣和享受，但是一定要有一个度，不应该以金钱衡量，而是以真挚情感的表达和适当的消费。譬如，父亲节、母亲节这些非常符合中华民族尊老爱幼传统的节日，大家应该大力提倡、大力推广，由于中国人比较含蓄，所以平时很少会对自己的父母表达自己的爱或说一声"我爱你"，那么这样的节日就是一个好的表达机会。

在这个世界上，每个民族，经过了悠久的发展过程，都有着鲜明的属于自己的特有文化形态和文化个性，而这种特有的文化便是民族亲和力和凝聚力的根源所在，也是民族存在并且传承的重要源泉。

在文化的接触与碰撞中，对待外来文化我们应该根据自己所处的社会状况以及自己社会的各种需要决定如何去对待它。以我们自己的文化为根本，客观地审视外来文化，接受外来文化里有益于自己的成分，分辨其中的好坏，取其精华，去其糟粕，从而大大促进自身文化传统更快更健康地发展。

4. 要有容纳不同意见的胸怀

你豁达了，也就收获了。

——黄侃

（曾任北京大学教授，著名的语言文字学家）

北大教授黄侃曾说过："你豁达了，也就有收获了！"的确，在这个多元化社会，言论自由是进步的前提，只有听取大家的意见和建议，才能从中提取有益的意见和建议，聚集大家的智慧，才会事半功倍。

而蔡元培正是因为对各种不同学派和思想的豁达胸怀，才能够让那么多优秀但是个性突出的人才为他所用。

蔡元培非常欣赏"万物并育而不相害，道并行而不相悖"，他认为：大学之所以称之为大，就是因为它可以包容各种文化和思想，是一个学术自由交流的地方。他在选择教师时主张"苟其确有所见，而言之成理，则虽在一校之中，两相反对之学说，不妨同时并行"。

他还认为：办好大学应该求大同存小异，每一个学科的教员，甚至同一个学科的教员之间，即使主张不同的学术观点，只要是合理的，都可以存在。对于学生而言，他们可以按照自己的观点和喜好进行选择，这样才能培养出具有个性的学生。

在担任北京大学校长时，蔡元培主张思想自由、学术自由，接受各种文化和不同的思想，只要是有益于学校发展和学术提高的，他都会欣然接受。治校的兼容并包思想体现在对待各种学术文化思想方面，这是他兼容并包主义的支柱和核心。

历史上有不少因故步自封而失败的例子：商纣王自高自大，一意孤行，最终落得个葬身火海的下场；楚怀王闭目塞听，弃屈原的劝谏而不顾，无奈客死他乡。反之，唐太宗虚心纳下，开创“贞观之治”；齐威王善于纳谏，门庭若市，赢得诸侯朝拜。这都给我们指出要善于接受他人正确的建议。

魏徵是中国历史上最负盛名的谏臣，以直谏敢言著称，即使在太宗大怒之际，他也敢面折廷争，从不退让，甚至说话很难听。

有一回，在上朝时，魏徵当众触怒了唐太宗，唐太宗十分生气，退朝后回到了宫中，大怒：“太放肆了，竟敢如此顶撞我，我一定要杀了他！”

长孙皇后听闻后，立刻前去求情：“陛下，魏徵之所以敢如此直言相谏，正是因为他知道您是明君，辨得是非，才敢冒死直言。”唐太宗听后，不但没有杀魏徵，反而升职嘉赏。

唐太宗不仅一直容忍魏徵，甚至有些敬畏他。一次，唐太宗准备好行装，想去秦岭打猎取乐，但又怕因此耽误朝政而惹来魏徵训斥，便又将此事推迟。后来，魏徵问及此事，太宗笑着答：“当初确有这个想法，但害怕你又要直言进谏，所以很快又打消了这个念头。”还有一次，唐太宗得到了一只鹞鹰，甚是喜欢，一直把玩，刚要将它放在肩膀上，突然，远远地看见魏徵走了过来。于是，唐太宗赶紧把鹞鹰藏进怀中。其实，魏徵早已看见，所以他故意奏事很久，而唐太宗却一直不敢取出怀中的鹞鹰，致使鹞子闷死在怀中。

魏徵去世后，唐太宗李世民亲临吊唁，痛哭失声，并说："夫以铜为镜，可以正衣冠；以古为镜，可以知兴替；以人为镜，可以明得失。朕常保此三镜，以防己过。今魏徵殂逝，遂亡一镜矣。"

古语有云：为上者不可不从下，师以政宽人，方能长治久安。作为领导者，要鼓励大家有不同的建议和意见，这样才能调动大家的积极性和创造性。服众才能有信，特别对于一些反对的言辞要谨记："信言不美，美言不信。"不要觉得不好听就不听，学会分析是否正确，是否值得听取才是最重要的。领导者不能合理地应对分歧，那么必然会造成治下不安、属下不明的状况。

此外，在日常生活中，也要多听取他人的好的意见，使自己避免固执己见，才能少走弯路，少犯错误。当然，在虚心听取建议时，不要"亦步亦趋"。要学会取舍，去粗存精，舍害存益。

总之，无论是治国还是管理一个企业，包容不同意见，乐于听闻反对意见，都是管理者必修的课程。只有学会多听意见，你的思路才能拓宽，才能收到来自各方面的声音；要有海纳百川的雅量，虚心听取各种不同的声音，才能善于集思广益，博取众家之长，来补己之短。

5. 领导者最忌独断专行

一个人做事失败，虽不必由于有自满心，但有自满心的人，做事一定要失败。

——冯友兰

（北京大学哲学系教授，著名哲学家、教育家）

无数历史事件证明，再贤能的领导，一旦独断专行，是不可能正确发挥集体领导决策作用的，领导者需要的是威严和集思广益，而不是独裁。独裁的结果只有一个，那就是走向灭亡！

刘备虽礼贤下士，慧眼识才，很会笼络人心，但他却也犯下独断专行的大错。章武元年（公元 221 年），刘备为了替关羽报仇，不顾臣僚诸葛亮、赵云等人反对，决定进攻东吴。率领数十万大军顺江东下，连营扎寨七百里直抵猇亭。

而东吴却派出了毫无名气的陆逊为大都督抵抗刘备，并且派出的兵力也不多。开始的时候，陆逊采用迂回战术，避敌锋芒、静观其变。就这样与对方僵持了半年，从不与蜀军正面交锋。虽没有给对方造成大的伤害，但自己也毫发无损。然而，如此长久的拉锯战，却使得异地作战的蜀军身心疲惫，军心涣散。加上赶上炎炎夏日，蜀军为了躲避酷暑，营寨移至山林之中，又将水军撤至岸上，采取兵家大忌的扎营办法——“舍船就步，处处结营”。陆逊抓住战机，果断出击蜀军主营，并且令将士们纵火连营七百里。蜀兵大骇而逃，土崩瓦解，死伤数万。这就是著名的夷陵之战。

蜀军的失败，可以说是刘备一人之责。他不听忠臣劝阻，独断专行，因怒而战，思路不清，妄自发动夷陵之战，致使蜀国国力大损，间接导致诸葛亮数次伐魏失利。

由此，我们可以得知：独断专行并非英明！一个心胸狭隘的人终将自食苦果；谋之于众并非示弱，一个磊落坦荡的人才会有众人扶持。一个懂得礼贤下士、听聚众意、聚集广思的领导者，才是一个有大将之风的领导者，这更是领导者自信和力量的体现！

所以说，在做决策之前，应该与他人商量，多方面接受信息，广开言路，开阔经营思路和拓展决策思维，唯有这样才能做出更为准确的判断。

蔡元培担任北大校长一职时，积极按照民主办学的指导思想进行改革。他实施教授治校的体制，不仅成立了教务处和总务处，还加强各科学长的职责，由学长负责各科的行政、教学工作。为了避免校长集权，按学校的行政、教务和事务方面分别设立各种相关的委员会，由有关教授分别领导，统一管理。大学的事务都由大学教授所组织的教育委员会主持，大学校长也由委员会选出。这样一来，学校的民主根基牢固，内部组织结构完备，无论外部形势发生怎样的变化，也无论何人来任校长，都不能独断专行，祸害北大。

在现实生活中，很多领导者容不得别人对自己有反对意见，听不得别人的半点指责，自以为是，狂妄自大！独断专行会不断地蚕食团队和企业的健康，让属下不敢提出意见，让团队和企业在运作的时候无法收听到来自各方面的声音，这必然会让团队和企业在一名独断专行的领导者的带领下走向毁灭。反之亦然。

罗强毕业后就开办了一家销售公司，销售的范围涉及很广。一开始，他的员工只有几个人。不到两年的时间，员工就有了200多人。与同行业相比，他的公司不但没有延迟交货的记录，而且退货率也最低，受到了许多客户的青睐。

在公司里，他就像是一个超人或“尽职的员工”，不仅和员工打成一片，还经常与员工聚在一起，谈天说地，或谈谈公司的前景。即便是一个清洁工，都有发言的权利。在大家的努力下，公司营业额蒸蒸日上。接着，他把公司以股份制的形式发散给员工。

看来，一个公司的发展，靠的不是老板一个人，而是员工的尽职尽责啊！如果罗强什么都以“我”为主，那员工就不会真正地把公司当成自己的家，也不会如此卖力。其实，偶尔听听员工的意见和心中所想，也是一件不错的事，毕竟老板不是万能的，也不是对什么都懂。像罗强这样的领导，那真是一个“高明”的领导啊！

如果你是老板，你会选择“独断专行”的方式，还是“集思广益”的方式呢？

6. 接受监督也是一种气度

纯粹之美育，所以陶养吾人之感情，使有高尚纯洁之习惯，而使人我之见、利己损人之思念，以渐消沮者也。盖以美为普遍性，决无人我差别之见能参入其中……美以普通性之故，不复有人我之关系，遂亦不能有利害之关系。

——蔡元培

（曾任北京大学校长，著名教育家、革命家、政治家）

在职场中，似乎有这样一个“潜规则”：老板有错，员工不敢说，而员工工作，老板却像一个摄像头一样监督着，生怕其偷懒或犯了错误。其实，这个“潜规则”存在着一些弊端，因为一个成熟或能快速发展的企业，需要老板和员工的共同监督！

即使不在职场中，也需要大家的共同监督！这样我们才会变得更好。当然了，能够接受监督也是一种气度！

关于监督方面，蔡元培是这样做的：在当时，他在北大建立了评议会——全校的最高立法机构。评议会由评议员若干人组成，校长是议长，评议员由各科学长和各科分别推举的教授代表二人组织，任期一年。评议员除校长和各科学长外，每五名教授选一名代表为评议员，一年改选一次。凡学校章程与条令的审核通过、学科废立、课程设置、教师的审聘、学校预决算等重大事项，都必须经过评议会的讨论决定，才能执行。北大评议会通过各科教授会组织法，随后分别成立了各学科教授会。

评议会是一个教授会，是蔡元培教授治校的重要体现，在实际操作过程中也确实可以“容纳众人意见”，具有民主讨论的风气。由校长、各科学长和教授代表组成的评议会，毕竟只有少数几个人，所以蔡元培决定组织来源更广、更有代表性的各科教授会。曾任过评议员的李书华教授回忆这段经历时说：“目睹开会时对于各议案的争辩，有时极为激烈。”

俗话说：“金杯银杯不如口碑。”一个人的口碑不是自封的，而是别人评的；一个人的名望也不是吹嘘得来的，而是在别人的监督之下出来的……换句话说，一个具有魄力和凝聚力的人，应该将接受监督作为一种习惯，自然、真诚地接受他人的监督，而不是违心地假装。

试想一下：如果群众不监督领导，那贪污腐化的情况会有所改善吗？如果学生不监督老师，那老师的错误是不是要蔓延很久？如果孩子不监督父母，那父母所带来的坏习惯会影响自己吗？如果……

由此可见，不管是小到一个习惯，还是大到一个国家，都要敢于营造出监督的环境，人人都敢讲真话，才能避免不好的现象发生。

当然了，在监督的同时还需要接受监督！所谓“良药苦口利于病，忠言逆耳利于行”，能够真诚地接受监督，也是一种风度和气度的体现！

7. 多一些磅礴大气，才能成就大事

同我一起工作的同事一多半是十年浩劫中的对立面，批斗过我，诬蔑过我，审讯过我，踢打过我。他们中的许多人好像有点愧悔之意。我认为，这些人都是好同志，同我一样，一时糊涂蒙了心，干出了一些不合乎理性的勾当。世界上没有不犯错误的人，这是大家都承认的一个真理。

——季羡林

（曾任北京大学教授，历史学家、思想家、作家）

老子说过："大丈夫，处其厚，不居其薄；处其实，不居其华。"（《老子·三十八章》）意思是说：保持自己纯真朴实的本性，做人不要太圆滑，不要总是斤斤计较。一个心胸狭窄的人，凡事都跟人斤斤计较，必定不会受欢迎，没有他人相助，也很难成就大事。做大事者，无不胸怀大志，为人处世磅礴大气。

有这样一个故事：

东汉著名的军事家和外交家班超，是一个胸有大志、不修细节的人。

当时，班超负责在西域联络并结交好其他国家，在西域三十六国除去龟兹都向汉朝称臣。为了能够牵制自恃武力强盛的龟兹，班超努力结交乌孙国。于是，乌孙国王派遣使者到洛阳拜见天子。汉章帝决定派卫侯李邑携带礼物随行护送。班超只好去结交，以图从中牵制。

李邑到了天山南麓时，听闻龟兹正在攻打疏勒，便吓得不敢继续前行。为给自己开脱，便上书朝廷，捏造事实，诬告班超无作为。

班超得知后，很是无奈："我离皇帝这么远，如今有人说我坏话，皇帝难免会相信。"他立刻上书陈奏此事。

汉章帝查清此事后，斥责了李邑，并下诏由班超督办此事，李邑听从班超差遣。大度的班超得知自己已无事，便不再与李邑计较前嫌，热情接待李邑，改派别人护送乌孙使者回国，并且劝告乌孙王派王子去洛阳见汉王，并让李邑陪同前往。班超的属下对此很是不理解，问道："李邑如此诋毁将军，将军不但不责罚他，还派如此美差给他，放他回去，您就不怕放虎归山留后患吗？"

班超并不在意地说："圣上已经还我清白，只要我一心为朝廷服务，就不怕人说坏话。如若我还将李邑扣下，那显得我太过小气。再则，如果图一时痛快，公报私仇，即使我把他放回去，他不敢中伤于我，那也不是忠臣所为。"此话传到李邑耳中，李邑对班超十分感激，并且自愧不如！

古有班超如此大度之人，也有范雎心胸狭隘之辈。范雎，秦朝丞相，是一个极为小气和报复心理很强的人。太史公司马迁评价他"一饭之德必偿，睚眦之怨必报"。他妒杀"战神"武安君白起，举荐的郑安平降赵，降卒全数被杀，这两件事无疑对秦国有着极其大的负面影响。

其实，人生在世应该宽以待人，善以待人，多做好事，这样才能化解一些不必要的麻烦。我们应该把目光放长远一点，做人大气一点，只有这样才能赢得众人的尊敬和支持，才能成大事！

蔡元培虽才华横溢，但是他深知学术不同于政治，其兴衰变迁，不能简单对待，他知道海纳百川、有容乃大的道理，因而对于各种学术思想、主张之存亡消长，保持一种超然的态度。蔡元培自己的学术观点鲜明，支持新文化运动的观点亦很鲜明，但作为一校之长，他没有简单地对待他所不赞成的东西，而是让它们在与新事物的竞争中自然淘汰。

无论是在学术上，还是思想上，蔡元培总是能够保持一种睿智，一种大度，虚心听取各种不同的声音，然后再从中选择对的，排除错的。蔡元培兼容并包的思想，不仅吸引了众多新思潮代表人物加入北大，更让一些旧派教员折服，树立了自己的威信。

“五四运动”爆发后，蔡元培校长被迫离开北大，当局政府让北大的旧派写一下批评蔡元培的文章，然而就连大骂新派的黄侃也力挺蔡元培，坚决不肯与当局苟同，他对人说：“余与蔡子民志不同，道不合；然蔡去余亦决不愿留。因环顾中国，除蔡子民外，亦无能用余之人。”

对于不同的观点，采取简单的批评和压制的方法是不可行的，因为真理是打不倒的。旧的观念正是在新的观念的冲击下而不断发现问题、解决问题，得到更好的观念。

可在生活中，总有人为了一些小的事情，就大发脾气，弄得双方两败俱伤，真是得不偿失！我们应该多一些包容，多一点理解，少去斤斤计较！自己的利益维护和形象的建立，不是靠吵架或者钩心斗角争出来的。这样的做法只会让彼此的冲突更大，显得自己的心胸狭隘。

所以说，让我们多一些长远的眼光，少一些狭隘的思想；多一些大气磅礴，少一些小肚鸡肠，这才是现代有为之人所必备的气质和胸怀！

8. 善于合作，任何人都不能离开团队

离开群体，个人在历史的大趋势面前是无能为力的。

——任继愈

（曾任北京大学教授，哲学家、宗教学家、历史学家，国家图书馆名誉馆长）

在这个世界上，任何一个人的力量都是渺小的，只有融入团队，只有与团队一起奋斗，才能实现个人价值的最大化，才

能成就卓越的人生！

有这样一则经典的故事：

有两个饥饿的人得到了一位长者的恩赐：一根鱼竿和一篓鲜活硕大的鱼。其中，一个人要了那篓子鱼，另一个人要了那根鱼竿，于是他们分道扬镳了。得到鱼的人就在原地用干柴搭起篝火煮起了鱼，狼吞虎咽，还没等品出鲜鱼的肉香，就连鱼带汤吃了个精光！很快，鱼篓空了。不久，他就饿死了。

另一个人则提着鱼竿继续忍饥挨饿，向海边一步步艰难地走去，可当他已经看到不远处那片蔚蓝色的海洋时，他的最后一点力气也使完了，只能眼巴巴地带着无尽的遗憾撒手人寰。

又有两个饥饿的人，他们同样得到了长者恩赐的那根鱼竿和那篓鱼。只是这两个人并没有各奔东西，而是商定共同去寻找大海，他俩每次只煮一条鱼，节省着鱼吃，经过遥远的跋涉，他们来到了海边。

从此，两人开始了以捕鱼为生的日子。几年后，他们盖起了房子，有了各自的家庭、儿女，有了自己建造的渔船，都过上了幸福安康的生活。

这个故事告诉人们：懂得合作，才能借助团队的力量，共同克服困难！懂得合作的人，才会看到生的希望，过上幸福的生活。而不懂得和团队合作的人，一心只想着自己的人，那很容易走进死胡同，让自己处于麻烦的深渊。

俗话说："一只蚂蚁来搬米，搬来搬去搬不起，两只蚂蚁来搬米，身体晃来又晃去，三只蚂蚁来搬米，轻轻抬着进洞里。"而这，讲的就是团队合作的意识。

随着知识经济时代的到来，各种知识、技术不断推陈出新，竞争日趋紧张激烈，社会需求越来越多样化，使人们在工作学习中所面临的情况和环境极其复杂。在很多情况下，单靠个人能力已很难完全处理好各种错综复杂的问题并采取切实高效的行动。所以，人们需要组成团体，让成员之间进一步相互依赖、相互关联、共同合作，从而开发团队应变能力和持续的创新能力，依靠团队合作的力量创造奇迹。

实际上，一个团队取得成绩的大小，取决于团队效力的高低，取决于团队成员相互之间的合作能力。这种能力简称为“合作力”。“合作力”是现代人应该具备的一种关键能力。

然而，现实情况并非这样，现在的很多年轻人根本就不懂得什么是合作力，更不知道如何取得合作力。表现在工作中，相互争抢成绩，常常把功劳据为己有，看不起同事，不积极参加集体活动，甚至指责别人，不是互相补台，而是互相拆台，结果弄得鸡犬不宁。

一起来看看寓言故事吧：

古时候，有三个和尚在一座破落的庙里相遇。

甲和尚触景生情，随口说道：“为什么这个庙如此荒废凄凉呢?”

乙和尚说：“一定是庙里原来的和尚不虔诚，所以诸神不显灵。”

丙和尚说：“一定是原来的和尚不勤劳，所以庙破不整修。”

甲和尚又说：“一定是和尚不敬业，所以信徒不多。”

三人你一言我一语，最后三人决定留下来各尽所能，看看能不能拯救这座庙宇。于是，甲和尚恭敬化缘，乙和尚诵经礼佛，丙和尚殷勤打扫。不久，庙宇果然香火渐旺，朝拜的善男信女日益增多，庙里达到了前所未有的鼎盛状态。

这时，三个和尚开始争抢功劳了。

甲和尚说：“都是因为我四处化缘，所以信徒大增。”

乙和尚说：“都是因为我虚心礼佛，所以菩萨才显灵。”

丙和尚说：“都是因为我勤加整理，所以庙宇才焕然一新。”

为争功劳，三人日夜争吵不休，由于无心努力，以致庙里的盛况又一落千丈。等到分道扬镳那天，他们终于悟出了一致的结论：庙宇之所以荒废不是因为和尚不虔诚，也不是因为和尚不勤劳，更不是因为和尚不敬业，而是因为和尚不和睦。

这就是人们常说的："一个和尚挑水喝，两个和尚抬水喝，三个和尚没水喝。"本来应该是人多力量大的，应该是更容易喝到水的，但是人多了反而没水喝了。那么，怎么才能让三个和尚也有水喝呢？聪明的管理者有这样的做法：

假如挑水的路途很长，一个人从头到尾挑，自然容易疲劳，那就分工合作吧，来个接力挑水，即每个人挑一段路。第一个和尚从河边挑到半路，停下来休息。第二个和尚继续挑，然后又传给第三个和尚，第三个和尚挑到缸边灌进去，空桶回来再接着传。这样大家都不停地挑又间隔着休息，有水喝了。

但有人说了，这样虽能让每个人都劳逸结合，但是也不能完全保证他们相安无事，不争相求功。这个时候老和尚发话了，说订个制度，三个人都去挑水，一天内谁挑的水多就奖励谁，奖品为晚上加菜，而挑得少的则只有白米饭，没有菜吃。制度一实施，三个和尚争先恐后地去挑水，很快水就挑满了。在这样的情况下，有得水喝，源自于奖罚分明，又避免了大家相互抢功。这样大家能够和睦相处，两全其美，而这就是管理的力量。

当然，每个团队都应该有一个管理者，这里老和尚就是个管理者。如果缺乏管理者，就叫作群龙无首，那么就会出现你不配合他、他也不配合你的局面，团队也就没有凝聚力，那团队的质量可想而知。

所以，当人们为一个共同的梦想而聚集在一起的时候，应该做的是团结互助、相互关爱。让团队中的每一个人都获得利益，实现共赢。学会与他人合作吧，这样才能发挥团队的精神，才能让工作收到事半功倍的效果。

9. 人脉就是实力

人脉就是钱脉，关系就是实力，朋友是最大的生产力。

——翟鸿燊

（北京大学客座教授，国学研究传播者）

什么是人脉？人脉即人际关系、人际网络，体现人的人缘、社会关系。这就好比是一棵小树苗要想长成参天大树，成为栋梁之材，必须要有粗壮厚实的根脉供给大地的营养，必须要有充足丰富的枝脉和纤细纵横的叶脉供给自然的空气、阳光和雨露。没有叶、没有枝、没有根，也就没有树。根脉、枝脉、叶脉的死亡最终导致了树的死亡。而栋梁之材的形成必须要有根深叶茂的生命支撑环境。

一个人要在社会上生存和发展，就必须与各种各样的人交往。常言道“一个好汉三个帮，一个篱笆三个桩”“一人成木，二人成林，三人成森林”，都是说出了人脉的重要性。

唐朝时候，郭子仪和李光弼都是安思顺的部下，但是二人有矛盾，关系并不好，甚至于两人坐在一起吃饭，也不互相看一眼，更是不说一句话。

后来，因为安禄山造反，皇帝任命郭子仪做朔方节度使，这样一来李光弼就成为他的部下。那时的节度使大致相当于战区司令长官兼行政长官，权力很大。自从郭子仪当节度使后，李光弼每天提心吊胆，惶惶不可终日，生怕引来杀身之祸，正当他想逃走的时候，皇帝已下命令，要他带领一部分郭子仪的兵进行东征。

李光弼心想，郭子仪这次一定不会放过他了，于是跪着恳求郭子仪说：“我死是心甘情愿的，只求你饶了我的妻儿。”

郭子仪连忙拉起他来，请他到堂上坐，说道：“现在是国家大乱的时刻，哪里是计较私仇的时候！”接着，还分兵给他。两人相别时握手流泪，相勉报国。

后来，郭子仪还力荐李光弼担任河北、河东节度使。从那以后，二人亲密合作，戮力同心，一起攻破乱贼，再没有丝毫猜忌，终于挽救唐帝国于亡国危机，以至于后来唐肃宗对郭子仪说：“虽吾之家国，实由卿再造。”

在人际关系中，如何处理彼此的关系，是一门学问。虽然郭子仪和李光弼有一些小矛盾，但在大是大非面前，郭子仪并没有拿自己的权力去压制李光弼，而是需要他并重用他。试想，如果郭子仪以小人之心，趁机除掉李光弼，那他在仕途中，失去的就不仅仅是一个人脉了。由此可见，不管从事什么职业，都要学会处理人脉关系。

在遥远的西晋末年，有个叫吐谷浑国的国家，国王阿柴膝下有 20 个儿子，他们经常为一些事情明争暗斗，每个人都看不起对方，矛盾激化很深。为此，阿柴国王十分担心。他担心敌人利用 20 个儿子之间的不和制造事端，让他们自相残杀，导致这个国家不攻自破。经过长时间的苦口婆心、语重心长地教导儿子们要团结，不要互相攻击后，阿柴国王绝望地发现，他这样的教导基本没有什么成效，于是国王陷入冥思苦想之中，他要在自己去世之前将儿子们之间激化的矛盾解决掉。

经过一段时间的思考，他终于想出了一个可以让儿子们团结起来的好办法，预知自己将不久于人世的阿柴国王在他临死前，把儿子们召集到病前吩咐道：“你们每个人都拿出一支箭来。”看到儿子们都拿箭在手，阿柴国王才气喘吁吁地对儿子们说：“折断它。”虽然儿子们不明所以，但还是遵照老国王的旨意将各自手中的箭很轻易地折断了。看到了这种情况，阿柴国王又吩咐人拿来 20 支箭，捆成一捆儿放到地上，严肃地对 20 个儿子说：“你们一个人一个人地过来将这捆绑在一起的 20 支箭折断。”

听完国王的吩咐，自恃勇武的老大毫不犹豫地走过来，拿起这捆箭，用力折起来，只是他用尽了全身力气，也没能将箭捆折断。二儿子很不屑老大的表现，嘲笑着走了过来，但是他也没有把箭折断，脸色通红地站到了一边。于是接下来，三儿子、四儿子，直到最小的儿子也用尽了力气，也没能将一捆20支箭折断。看完儿子们都没能成功，阿柴国王语重心长地说："一支箭你们每个人都能轻易地折断，然而当这些箭合在一起的时候你们就败下来了，这正像是你们兄弟一样，很容易想象，如果你们每个人都面对很多个对手的话，非常容易失败，但是如果当你们20个人团结一块，就像这捆箭一样，齐心协力的时候，将会产生无比巨大的力量，去面对一切困难，才能够保障国家的安全。这就是团结的力量。”

经过这一件事以后，儿子们终于醒悟过来并领会国王的良苦用心，从此20个兄弟相互团结，度过了许多难以想象的危机。也是从这之后，在这个国度里始终流传着这样一个关于国王和20支箭的故事。

“众人拾柴火焰高”“三个臭皮匠赛过诸葛亮”“人多力量大”讲的都是人脉资源的力量。一个人如果想成就一番事业的话，那么就应该建立起广泛的人际关系，积累人脉资源。

对于商人来说，人脉就是钱脉。因为它能为你开启所需能力的每一道大门，让你不断地成长前进，不断地事业有成。也有人说："建立人脉关系就像一个挖井的过程，付出的是一次性汗水，得到的却是源源不断的财富。”由此可见，人们的确应该不断地积累人脉资源。

200多年前，胡雪岩因为善于经营人脉，而得以从一个倒夜壶的小人物，翻身成为清朝的红顶商人。200多年后的今天，翻看每一个政界、商界成功人物的成长轨迹，都是因为拥有了一本雄厚的“人脉存折”，才有了之后的“成就存折”。

一些青年朋友为人脉会花大量时间参加各种活动换名片，其实这是本末倒置。最能积累人脉的条件是：一要业务能力超棒；二要诚信诚恳做事认真；三要视野宽广见解独特，他人与之交往有价值；四要愿意帮人不自私。这四项是人脉快速积累的基础，是人脉成长的关键，那些无能、无主见、无观点的人是难以快速积累起高质量人脉的。

不管我们从事什么职业，只要学会处理人际关系，掌握并积累丰厚的人脉资源，那么你就在成功路上走了85%的路程，在个人幸福的路上走了99%的路程。

10. 不要轻视“小人物”

不要小看你身边的每一个人，辗转五次可以见到总统。

——翟鸿燊

（北京大学客座教授，国学研究传播者）

每个人的生命中都可能遇到贵人，这些贵人不一定真的尊贵，他可能是极其普通的朋友，甚至是陌生人。当然了，“贵人”也不一定是人，它可能是某个不经意的事件。

楚国的郢都有位学士，晚上写信给燕国宰相。因为光线太暗，就叫仆人举烛，一不留意，把“举烛”两个字，也写入了信中，等到燕国的丞相收到信后反复阅读，唯感“举烛”二字突兀且费解。他煞费苦心，久久琢磨，终于“顿悟”。他读懂了“举烛”二字，并解释说：所谓举烛，就是崇尚光明；崇尚光明，必得选拔贤能、委以重任。于是宰相就告诉了燕王，燕王大喜，并以此理念来治理国家。从而群贤毕至，使得燕国强盛起来。

除此之外，我们还知道李白的故事：传说，李白起初做学问很没有耐性，直到某日，看见一位老妇，居然想将一支粗铁杵磨成绣花针，才顿时醒悟，回头苦练，成为诗仙。

以上“举烛”的学士、磨针的老太太，这些普通人可知道自己无意中的行为，竟能造就了别人？而他们何尝不是燕国宰相、大诗人李白的“贵人”呢？所以说，不要轻视任何人，因为那些平凡的人很可能就是你的贵人。

下面看这样一则故事：

战国四公子之一的孟尝君，以广交人才、善待宾客而闻名天下。因此，各地自认为有点本事的人，大多都投奔到他的门下，一时间他供养的食客达三千多人。

孟尝君真心对待每一位门人，从不厚此薄彼。当有人初来时，他还常常与来客促膝谈心，亲切地询问客人的家境，并提前安排侍从藏在屏风的后面，暗暗记录下他们的谈话内容。等到客人离开后，他就让人带着丰厚的礼品到来客家中，表达慰问之情。孟尝君对所有食客一视同仁、爱护有加，深受食客们的敬重，他们都认为孟尝君是自己最好的朋友，所以每个人都想找机会报答他的知遇之恩。

一天，先后来了两个想投奔孟尝君的人。经过交谈，大家发现这两位来客也没啥大本事，只是一个善于学鸡叫，到了以假乱真的地步；另一个则是个小偷，模仿起狗的动作来惟妙惟肖。很显然，这是两位微不足道的小人物。尽管这样，孟尝君还是打算接纳这两位客人，但是却遭到了其他食客的强烈反对。大家气愤地说道：“虽然我们当中也有出身卑微的，但是也不至于像这种鸡鸣狗盗吧！与这样的人为伍，实在是让人难以接受啊！”但是，孟尝君还是坚持把他们留下来。

有一次，孟尝君率领众宾客出使秦国。秦昭王将他留下，想让他当相国。孟尝君不敢得罪秦昭王，只好答应。不久，大臣们劝秦王说：“留下孟尝君对秦国是不利的，他出身王族，在齐国有封地，有家人，怎么会真心为秦国办事呢?”秦昭王觉得有理，便改变了主意，把孟尝君和他的手下人软禁起来，只等找个借口杀掉。

在当时，秦昭王有个最受宠爱的妃子，只要妃子说一，秦昭王绝不说二。孟尝君派人去求她救助。妃子答应了，条件是拿齐国那一件天下无双的白狐裘做报酬。

这可叫孟尝君作难了，在这危急关头，孟尝君无计可施，只好向他的食客们求助。正当大家都表示无能为力的时候，那个小偷站了出来，并大声说道：“把衣服偷出来，我是很在行的！我去保证能取出来，并且万无一失。”

这个最善于钻狗洞偷东西的门客，先摸清情况，知道秦昭王特别喜爱那件狐裘，一时舍不得穿，放在宫中的精品贮藏室里。他便借着月光，装成狗的样子，逃过巡逻人的眼睛，轻易地钻进贮藏室把狐裘偷了出来。妃子见到白狐裘高兴极了，想方设法说服秦昭王放弃了杀孟尝君的念头，并准备过两天为他饯行，送他回齐国。

孟尝君可不敢再等过两天，立即率领手下人连夜偷偷骑马向东快奔。到了函谷关，正是半夜。按秦国法规，函谷关每天鸡叫才开门，半夜时候，鸡怎么可能叫呢？就在孟尝君急得团团乱转之时，那个善学鸡叫的人站了出来，决定施展他的长处，帮助孟尝君脱险，只听见几声“喔，喔，喔”的雄鸡啼鸣，远近村庄的鸡都跟着鸣叫起来。怎么还没睡踏实鸡就叫了呢？守关的士兵虽然觉得奇怪，但也只得起来打开关门，放他们出去。

当秦昭王的追兵赶到函谷关，孟尝君早已出关多时了。

这就是流传千古的鸡鸣狗盗的故事，在孟尝君最危急的关头，是两个微不足道的小人物救了他的性命，这得益于他在结交食客时一视同仁的态度。重视所有的人，从不轻视任何人，不分君子小人，不分地位出身。正是这样，危难之时毫不起眼的“小人物”成了他命中的贵人。

很多现实的例子都证明：“小人物”绝对值得交往，假如平时给予他们帮助，你不仅能赢得他们的尊重，更能带来旺盛的人气，而且有可能在出乎意料的时候助你一臂之力，对你的人生前途起到意想不到的推动作用。

周朝的开国元勋姜尚，一生穷困潦倒，到八十岁时还一事无成。垂钓于渭水河边被文王姬昌所发现，破格重用。后来，辅佐武王发纣，创下周朝八百年基业。还有帮助秦王图强争霸的百里奚，原在楚国为奴，后被秦国用五张羊皮换回，才得以施展奇才。赵国重臣蔺相如原来也只是普通食客，后经举荐，随赵王赴会，智斗秦王，完璧归赵，才成为一代名相。

尊重“小人物”，说的就是尊重知识，尊重人才。它是一个民族、一个国家、一种社会制度文明和进步的重要标志之一。必须营造一个适宜于各种人才尤其是“小人物”健康成长的政治土壤和宽松的社会环境，让各种各类的“小人物”脱颖而出，茁壮成长，为国家的繁荣昌盛做出力所能及的贡献。

在生活中，我们总会遇到各种各样的人。在与他们交往时，我们千万不要戴着有色眼镜去看他们，而应该一视同仁地对待。这样，我们就能积累更多的人脉资源，更有助于自己的事业发展。

11. 包容不足，情谊更长久

对朋友不能太挑剔，清泉虽高，养不了大鱼，包容才能做大。

——翟鸿燊

（北京大学客座教授，国学研究传播者）

常言道：物以类聚，人以群分。所谓朋友，就是能够在某一方面取得交集的群体，如性格相投、感情相印、工作相助等。但不同的两个个体，绝不是所有方面都一致的，即使亲兄弟、亲姐妹、双胞胎，也做不到，更不用说其他类型的朋友。有不同之处，意味着交集之外，还有大片未能重合的区域，相互之间难免会有矛盾。维系朋友之谊，方法很重要，其中根本之道，就是要有包容朋友的胸怀。

就友谊的重要性而言，对一个人来说，如果人生中没有相知的友情，没有纯真的友谊，那么他的人生就不会丰富多彩，就会淡然无味。如果一个人长期生活在没有友谊的环境里，那么心灵犹如置身于一片荒漠，那种透不过气来的苦闷心情有时甚至会把人逼疯。然而，当一个人获得友谊时，友谊激发出来的激情就如甘霖，能够让心灵的荒漠变成绿洲。

人们常说："友谊是人生的调味品，友谊是人生的止痛药。"友谊对人生而言是不可或缺的。友谊是如此的重要，那么如何才能保持友谊的长久，是许多人在人生的路途中经常会遇到的问题。春秋时期的孔子就已对这个问题有了深刻的认识。

孔子的学生子贡曾问孔子道："老师，有没有一个字，可以作为终身奉行的原则呢?"孔子说："那大概就是'恕'吧。""恕"，用今天的话来讲，就是宽容，就是包容。

一起来看看下面这些事例：

清朝年间，河南洛阳人董笃行在京城里做官。

有一天，他忽然接到家里来信，诉说家里盖房子为地基而与邻居发生争吵的事，希望他能借权势来出面解决此事。董笃行看后立即修书一封，上面写道："千里捎书只为墙，不禁使我笑断肠；你仁我义结近邻，让出两尺又何妨。"

家人读后，觉得董笃行言之有理，便主动地在建房时让出了几尺。而邻居见董家如此，也有所感悟，同样仿效。结果两家共让出八尺宽的地方，房子盖成以后，就有了一条宽阔的胡同，世人称为“仁义胡同”。

无独有偶，六尺巷也是类似的传奇。

清朝康熙年间，桐城人张英官至文华殿大学士兼礼部尚书。

他的邻居是桐城另一大户叶府，主人是张英同朝供职的叶侍郎，两家因院墙发生纠纷。张老夫人修书一封送达张英。张英见信深感忧虑，回复老夫人道：“千里家书只为墙，让人三尺又何妨？万里长城今犹在，不见当年秦始皇。”于是，张老夫人令家丁后退三尺筑墙。叶府很受感动，命家人也把院墙后退三尺。从此，张、叶两府消除隔阂，成了通家之谊。

可见，只有包容地看待人生和体谅他人时，我们才可以获取一个放松、自在的人生，自由地畅游在快乐温暖的生活之中。

西塞图说过：“世界上没有比友谊更美好、更令人愉快的东西了；没有友谊，世界仿佛失去了太阳。”友谊是如此重要，我们要用心去珍惜。

第七课
忠实信仰，信仰是指航明灯，更是精神支柱

人生最大的财富是信仰和信念的力量，人生是场不间断的战斗，而战斗的能量来自不竭的信仰。没有了信仰，人就会看不见未来，找不到出路，信仰是心中的神灯，思想的佛陀，为你守护着来之不易的快乐，带你走出暗无边际的黑夜。

1. 信仰是一个人真正的财富

我愿终身为华夏民族社会尽力，并愿使自己成为社会所永久信赖的一个人。

——梁漱溟

（著名思想家、哲学家、教育家，曾担任北京大学印度哲学教授）

信仰来源于对美好时光的期盼，对于人生理想的追求。每个人都需要信仰的力量，推动着我们不断前进，不断突破。信仰不分贵贱高低，没有绝对的概念和标准，只要我们认为值得追求，哪怕是像“夸父追日”那样认定了一个虚无的目标，我们也可以将它视为信仰，为之付出努力。

清代著名小说家蒲松龄一生一直都在参加科举，却屡试不第，直到 71 岁，白发苍苍的时候，才勉强考上“岁贡生”。为了生计，他不得不在朋友家的私塾做老师。他一边传道授业，一边笔耕不辍，最终创作出一部描写花妖鬼狐、辛辣嘲讽的小

说集，也就是著名的《聊斋志异》，此书堪称中国古典文学短篇小说之巅。人民艺术家老舍有这样两句诗评价蒲松龄："鬼狐有性格，笑骂成文章。"可见蒲松龄的造诣之高。

在蒲松龄的书房，也就是聊斋的门框上，曾挂着他创作的自勉联一副：有志者，事竟成，破釜沉舟，百二秦关终归楚；苦心人，天不负，卧薪尝胆，三千越甲可吞吴。这说明了蒲松龄对出世的信念和对美好生活的信仰。

蒲松龄信奉"学而优则仕"，他一生热衷科举，尽管一直不得功名，却从没有想过放弃。正是一生苦求功名的经历，才有《聊斋志异》这样的奇思妙想和对黑暗现实的深刻批判。

谁都应该拥有信仰。信仰看似来得很容易，实际上一点也不容易。只有内心的渴求激励人不断为之奋斗，它才能转化成为信仰。

孙中山先生被尊称为"国父"，这是对他一生为国、不断革命的真实写照。他是一名战士，毕生都在为革命而奋斗，他号召"驱除鞑虏，恢复中华，创立民国，平均地权"，他的一生都在为了一个理想而奋斗，这也是他的信仰，那就是"天下为公"。

1895年2月21日，孙中山号召爱国人士，在香港成立兴中会。该会以"驱除鞑虏，恢复中华，创立合众政府"为宗旨。

这一年，孙中山回到故乡广州，创立农学会，并广征有共同理想的同志，积极准备，定于重阳节发动起义。由于叛徒泄密导致起义失败，孙中山个人也遭到清政府的通缉，不得不逃亡海外。

1900年庚子国变，义和团起义失败，导致八国联军入侵北京，大肆洗劫。孙中山借机联系到当时的两广总督李鸿章，希望能允许筹划南方诸省独立，成立类似美国的合众国政府。李鸿章答应了与其会见，但其在日本友人的协助下却发现，这只不过是清廷为了逮捕他而设计的一个陷阱。

同年9月，孙中山号召革命同志在惠州三洲田发动起义，因为实力弱小不幸失败，孙中山不得不再次逃到日本。

1903年夏，孙中山在日本青山开办革命军事学校，将革命宗旨做了改进，宣称“驱除鞑虏，恢复中华，创立民国，平均地权”。

这一年，孙中山离开日本，赶往美国檀香山，希望在华侨中发展革命同胞。由于美国当局的排斥，孙中山一度被美国移民局扣留在旧金山。经过旧金山致公堂的保释，并为其代聘律师，他这才逃过被交到清政府手里的厄运。

1905年8月，在日本友人内田良平的牵线帮助下，孙中山的兴中会、黄兴与宋教仁等人的华兴会、蔡元培与吴敬恒等人的爱国学社、张继的青年会等爱国组织齐聚一堂，在日本东京成立中国同盟会，孙中山被公选为同盟会总理，领导爱国同志们发展革命。

1907年5月，孙中山号令余丑等人在潮州黄冈起义，经过六日的奋战，终因寡不敌众而失败。6月，孙中山命邓子瑜在惠州七女湖发动起义，经过十余日，再次以失败告终。

同年7月，孙中山经过越南赶赴广西，主持镇南关起义，又一次失败。

孙中山先生一生历尽艰辛，辗转飘零。直到1911年10月10日，武昌起义胜利，各地纷纷响应，最终推翻清政府，成立中华民国。

说古论今，坚守信仰才是有志之士的成功之道。毋庸赘言，信仰的力量就是人生的最大财富。

大作家巴金曾经说过：“支配战士的行动的是信仰。他能够忍受一切艰难、痛苦，而达到他所选定的目标。”战士的信仰是对保家卫国、保护亲人的追求，是对战争胜利、永不打仗的渴望。

其实，每个人都是一名战士，只不过我们的战场是在生活中，在工作中：家庭和睦、美满，工作顺利、职位高升，这些都可能是我们的战斗目标，我们必须一直为之奋斗。我们要靠着我们追求幸福、追求成功、追求美好人生的信仰，作为我们战斗的动力，鼓舞着我们不断奋斗。

总之，人生最大的财富，就是信仰和信念的力量。你追求圆满，你的动力便从这份信仰中不觉产生；你追求美好的生活，那么这份动力就从对美好生活的信仰中飘然而来。信仰的力量无法强求，却总在不经意间悄然而至；信仰的力量无形无状，却又充满生命的每一个角落。

2. 没有信仰，幸福就会缺失

每个人的精神上都有几根感情的支柱，对父母的、对信仰的、对理想的、对知友和爱情的感情支柱。无论哪一根断了，都要心痛的。

——柳青

（曾在北大西北临时大学俄文选修班学习，小说家、革命家）

作为人类最普遍、最深刻的精神活动和精神现象，信仰与幸福有着密不可分的关系。信仰可以是对内心的一份矢志不渝的守护，也可以是对理想的生活化和实践化。不过，信仰没有标准的答案。

今人不见古时月，今月曾经照古人。李白诗云：“五岳寻仙不辞远，一生好入名山游。”杜甫曾叹：“会当凌绝顶，一览众山小。”苏东坡写道：“纵一苇之所如，凌万顷之茫然。”无论李、杜、苏，他们一生游历四海，曾经得意，曾经失意，却从没有心生败意。他们忧国忧民，见过社会的种种黑暗，却从没有舍弃心中的美好和光明；他们都活在自己的梦想中，活在自己的信仰中，活在对美好的憧憬中；他们坚信自己能够改变自己的人生，能够为这个社会带来一些美好，他们无疑是幸福的。

信仰的作用决定了信仰是幸福的源泉。在有限的人生中，信仰是人创造和享受精神生活的主观凭借和心灵依托。所以它决定着人是否幸福或幸福的程度，人的幸福感常常依赖于心灵的完满，而心灵的完满则来源于信仰的确立。

信仰是心中的精灵和上帝，为你守护着来之不易的快乐，带你走出暗无边际的黑夜。心灵就像一个装满石子的水杯，只要你愿意，总还是可以装得下一点水分。心灵就在那里，不动不移，却需要我们处理好它和自已、和幸福的关系，我们只有将光明、热情、智慧满载于我们的心灵之中，才能让我们自己变得更坚强，信仰更坚定，从而人生更幸福。

苏轼是我国宋代著名的文学家，自称“东坡居士”，唐宋八大家之一。二十岁左右的苏轼进京赶考，因才学出众获得主考官欧阳修的赏识，中了进士。“三年京察”之后，苏轼被授予大理评事、签书凤翔府判官。宋神宗登基之后，重用王安石，实行变法，由于苏轼、欧阳修等人与王安石政见相左，被贬出京城，由此，苏轼开始了一生的颠簸。

苏轼在杭州当了三年知州之后，又被调往密州、徐州、湖州等地做知州。后来因为“乌台诗案”，他遭人诬陷被捕入狱，几次险些被杀头。

出狱以后，苏轼被下放到黄州做一名不起眼的小官差，因为官职低微，俸禄微薄，苏轼为生计所迫，带领家人开垦荒地，种田过活。他的别号“东坡居士”就是在这个时候起的。过了几年，苏东坡奉皇帝诏谕，去汝州担任小官。

神宗死后哲宗即位，王安石势力倒台，司马光重新上台，当上了宰相，这一年，因为苏东坡与司马光政见甚合，便被召入朝中做官。在短短的两年内，就从一个小太守被提拔到了翰林学士知制诰，可谓平步青云。

由于他不喜欢新旧政党之间的相互倾轧，就自陈愿往杭州担任太守。这一次，他在杭州修建了苏堤，受到百姓爱戴。苏轼也很快乐，常常自比于白居易。可惜好景不长，王安石再度上台，苏轼被流放到偏远的颍州。

在以后的人生中，苏轼可谓历经宦海沉浮，几次入朝为官，又几次被贬出京城，甚至一度在偏远的海南被流放许多时日。苏轼做官虽然是不成功的，但是在文学上却成了大家，这和他的宦海生涯不无关系。

苏轼一直心怀“为官报国”的抱负，起起落落之中，未曾退出官场，“历典八州，行程万里”。然而，无论遭贬抑或被提拔，他无不淡然处之，苏轼是快乐的。

苏轼是幸福的，他的幸福来源于他淡然的心态。“一人之下，万人之上”的权力不是苏轼的梦想；“采菊东篱下，悠然见南山”的隐退也不是苏轼的风格，也许他所信仰的人生，就该有起起伏伏，欢喜悲伤，这样才足够丰富和精彩。他一只脚在官场里，一只脚在田园上，既能满足自己为官为民的理想，又能贴近自然，贴近文学。他的路走得很艰辛，却因为心中那份信仰而幸福。

可以看出，真正的幸福并不在于主体所追求的信仰是否达到，而在于为追求这种信仰所进行的奋斗之中。当个体投身于自身所追求的信仰时，他不仅能体验到生活的充实感，而且能超越现实、超越自我，使生命获得一种连续感、延伸感，从而体验到一种至高无上的幸福感。追求信仰的过程同时也是人自身潜能不断展开、创造力不断发展、朝着自由全面发展的过程，在这一过程中，人会领略到永久的幸福。

3. 相信美好，信仰源于对生命的热爱

一切外在的欠缺或损失，包括名誉、地位、财产等等，只要不是影响基本的生存，实质上都不应该带来痛苦。如果痛苦，

只是因为你在乎，愈在乎就愈痛苦。只要不在乎，就一根毫毛也伤不了。

——周国平

（北京大学毕业，著名哲学家、作家）

信仰是源于对生命的热爱，一个热爱生命的人，心中会有一份信仰，怀揣着对美好人生的一份情感，在奋发向上追求美好人生的路途中，带着对生命的责任和对事业的敬畏，在信仰的支撑下，无论生命的环境有多么恶劣，生命是处于怎样卑微的局面，他们仍然会负重前行，坚定信心，信仰是他们精神力量的源泉。

海伦·凯勒是美国著名作家和教育家。她在一岁多的时候，因为发高烧，脑部受到伤害，从此以后，她的眼睛看不到，耳朵听不到，后来，连话也说不出来了。在沙利文老师辛苦的指导下，海伦用手触摸学会手语，摸点字卡学会了读书，后来用手摸别人的嘴唇，终于学会说话了。她的坚强意志和对美好生活的追求感动了很多人，她写了很多书，她的事迹还被拍成了电影。她把爱散播给所有不幸的人，带给他们光明和希望，最有名的作品是《假如给我三天光明》。在不幸中依然相信美好，这就是海伦·凯勒的信仰。

1936年，和她朝夕相处五十年的老师离开人间，海伦非常伤心。她知道，没有老师的爱，就没有今天的她，她决心要把老师给她的爱发扬光大。于是，海伦跑遍美国大大小小的城市，周游世界，为残障的人到处奔走，全心全力为那些不幸的人服务。1968年，87岁的海伦去世，她终生致力服务残障人士的事迹，传遍全世界。

有人曾如此评价她："海伦·凯勒是人类的骄傲，是我们学习的榜样，是人类善良的表现，相信她的事迹能成为后世的典范。"马克·吐温说："19世纪出了两个了不起的人，一个是拿破仑，一个是海伦·凯勒。”

有些人一旦陷入了逆境，就难以自拔，万念俱灰，这是人生最大的悲哀，这就是没有信仰的结果。其实，人生就像一个四通八达的迷宫，成就自己的路很多，引诱自己的歧途也很多，还有很多走不通的死路，有捷径也有弯路，有小路也有坦途。如果我们不小心走进了死胡同，不要自怨自艾，误入歧途也不要自暴自弃，我们一定要想着回过头来，重新来过，毕竟后边的路还有很长，终有一条通向光明。坚信美好就在前方，我们只需勇往直前。

宋代著名婉约派词人柳永，自幼聪明，7 岁便是乡里的神童，才名传遍崇安城。但是他的命运却被他自己的一句词彻底地转了方向。柳永因为惹怒了皇帝，基本上没有通过仕途博取功名的希望了。而当时通过科举走向仕途，是知识分子实现命运转变的主要途径。

故事的经过就是，柳永曾经做过一首词，词牌为《鹤冲天》，其中有“忍把浮名，换了浅斟低唱”一句，也就是这么一句把皇帝惹恼了，说：“此人好去‘浅斟低唱’，何要‘浮名’？且填词去。”

就这样，柳永戏谑地称自己是“奉旨填词柳三变”，他并没有因为仕途无望就自暴自弃，反而更加努力，最终成为北宋著名的词人。

信仰所在，便是憧憬理想、热爱生命之所在，便是感受生活的爱之所在。信仰是滔滔大江的河床，没有它就只是一片泛滥的波浪；信仰是熊熊烈火的引索，没有它就只是一捆冰冷的柴薪；信仰是巍巍大厦的栋梁，没有它就只是一堆散乱的砖瓦；信仰是远洋巨轮的主机，没有它就只是瘫痪的巨架……所以，浮沉于茫茫的人世，不能没有信仰。

我们一定要坚信，即使你现在困弱不堪，只要你坚守信仰，美好一定会“闻香而来”。一切终究是美好的，我们只需要勇敢地追求。

4. 人永远比想象的要坚强

世界既完美，我们如何能尝创造成功的快慰？这个世界之所以美满，就在有缺陷，就在有希望的机会、有想象的田地。换句话说，世界有缺陷，可能性才大。

——朱光潜

（著名学者、美学家、文艺理论家，曾担任北京大学文学院院长）

古语云“功崇唯志，业广唯勤”，意思是说，功劳高是由于有大志向，事业大是由于勤劳。你相信自己有多厉害，你就能攀登到多高；你能扛住多少，那么你便能得到多少。人生痛苦是难免的，同时也是短暂的，我们何不把那些痛苦的经历当作人生的一种磨炼，让我们自己变得更坚强，更不容易被打倒呢？

天汉元年（公元前100年），当时中原地区的汉朝和西北少数民族政权匈奴的关系时好时坏。匈奴政权新单于即位，汉武帝为了表示友好，派遣苏武率领一百多人，带了许多财物，出使匈奴。不料，就在苏武完成了出使任务，准备返回自己的国家时，匈奴上层发生了内乱，苏武一行受到牵连，被扣留下来，并被要求背叛汉朝，臣服单于。

最初，单于派人向苏武游说，许以丰厚的俸禄和高官，苏武严词拒绝了。匈奴见劝说没有用，就决定用酷刑。当时正值严冬，天上下着鹅毛大雪。单于命人把苏武关入一个露天的大地窖，断绝食品和水，希望这样可以改变苏武的信念。时间一天天过去，苏武在地窖里受尽了折磨。渴了，他就吃一把雪，饿了，就嚼身上穿的羊皮袄。过了好几天，单于见濒临死亡的苏武仍然没有屈服的表示，只好把苏武放出来了。

单于知道劝说苏武投降没有希望，但越发敬重苏武的气节，不忍心杀苏武，又不想让他返回自己的国家，于是决定把苏武流放到西伯利亚的贝加尔湖一带，让他去牧羊。临行前，单于召见苏武说："既然你不投降，那我就让你去放羊，什么时候公羊生了羊羔，我就让你回到中原去。"

与同伴分开后，苏武被流放到了人迹罕至的贝加尔湖边。在这里，单凭个人的能力是无论如何也逃不掉的。唯一与苏武做伴的，是那根代表汉朝的使节和一小群羊。苏武每天拿着这根使节放羊，心想总有一天能够拿着回到自己的国家。这样日复一日，年复一年，使节上面的装饰都掉光了，苏武的头发和胡须也都变白了。

十几年过去了，当初下命令囚禁他的匈奴单于已去世了，就是在苏武的国家，老皇帝也死了，老皇帝的儿子汉昭帝继任皇位。这时候，新单于执行与汉朝和好的政策，汉昭帝立即派使臣要把苏武接回自己的国家。

汉朝使者到了匈奴地区，扬言说，汉朝的天子在上林苑中射到一只大雁，雁的脚上系着帛书，帛书中清楚地写着苏武在北方的沼泽之中。单于只好把苏武等九人送还。

为了表彰他不辱汉节的功绩，昭帝封他为典属国，秩中二千石，赐钱二百万，公田二顷，宅一区。宣帝时，他被赐爵关内侯，后复为右曹典属国。苏武留胡节不辱的爱国精神，也受到后人们的敬仰，他的事迹被编为歌、剧、故事，广为流传。

或许苏武没有想过自己能够坚持多少年，他只身一人能在北海边牧羊十几年，靠的就是对投降变节的不屑，对大汉王朝的忠诚。苏武有自己的信仰，他是一个坚强的人，甚至这份坚强，连皇帝都会感动。

人们自认为脆弱，自认为前方困难重重，如山似海，那是因为我们缺乏了自信，缺乏了坚定的信仰，没有勇气面对前方，所以只能徐徐退却，东躲西藏，最终一事无成。敢于面对问题，问题才会迎刃而解，是谓“车到山前必有路，船到桥头自然直”，自认脆弱，那么必然不堪一击。

5. 潜意识的神奇魔力

我们降生在这多彩多姿繁华绚烂的世界上，唯一的目的就是好好活下去，活给自己看，也活给爱自己的人看，更要活给那些瞧不起自己的人看。

——台静农

（北京大学毕业，著名作家、文学评论家）

人类的潜意识具有超越一般常识，几乎可称之为全然未知的超意识能力。举凡人类的直觉、灵感、梦境、催眠、念力、透视力、预知力等都是潜在能力的具体表现。而这种能力一直就密藏在我们的脑里，是一种超越时间、跨越空间，与无限境界相连接的能力。

有人常以“奇迹”或者“超能力”来解释某种神奇的力量，其实指的就是潜意识的力量，任何人只要懂得开发这股与生俱来的能力，几乎没有达不到的愿望。

潜意识是一种很神奇的力量，默默地激发着人们的意志，让我们不断地寻找生命的意义，不断询问着我们为何物来，向何方去。我们没有办法分辨潜意识的真假，只有不断地想象。心理学上讲，潜意识也是一种催眠术，它最突出的表现就是自我暗示。它很神奇，也很可怕，主要看你如何运用。

我们要学会释放自己的潜意识，相信自己能够成功，从而不断地激励自己，暗示自己，让信仰的光芒指引着我们前进的方向。有一句老话叫：“水不激不奋，人不激不跃。”潜意识就像雄壮的瀑布一样，形成巨大的落差，既能激人上进，也能推人下水，让我们的灵魂都随之振荡。

美籍物理学家钱致榕来华时谈起他中学时代的一段经历。那时很多学生作弊，不求上进。一位责任心很强的老师就从300个学生中挑选60人组成了“荣誉班”，他也位列其中。

老师宣布，他们被选出来是因为学校考察后发现他们是非常聪明并且能够在未来有所成就的人，因此，听到这些话，被选上的同学都十分高兴，对前途充满信心。荣誉班的学生个个都踏实勤奋，结果后来大多都取得了成就。

多年后，钱致榕回到学校，拜访了荣誉班的班主任，这才得知，当时被挑选出来的60个人都是随机抽取的而已。

由于学生被告知他们是“很有发展前途”才被挑选出来的，这就使学生在潜意识里产生了强烈的自信心，因而自尊、自爱、自强而终于成才。也就是说，当一个人的思想与一种强烈的一定要达成目标的炙热愿望和坚持不懈的耐力相结合，开始产生行动力时，便会开始发挥出一种强大的能量，这种能量可以与宇宙的能量相通，而协助你达成你人生所想要达成的目标与理想。

在人类的本性中，有一种强烈的倾向，就是希望能变成自己想象中的样子。佛经也说：“我们一切的表现，完全是思想的结果。”可见，思想具有决定命运和结局的力量。

换句话说，每一种思想，只要持之以恒，百折不挠地加以贯彻，都会梦想成真。思想是一种能量，它具有无限潜在的发挥力量。思想确实可以把你带进一种状况，或是带出一种情况。你可以随意而思，也可以摆脱环境而想。比如说，当一个人反复地强调“我要当大官”，那么他会有两个结局，或者他最终成为了心系百姓的大官，或者他成了为了升官加爵而不择手段的坏人。

潜意识需要自律，他不需要我们刻意地告诉自己要干什么，只需要浅浅地自我暗示，让自己明白自己想做什么，自己该做什么，这样才是一个成功的开端。

春秋时期，一位将军带着自己的儿子一同出征。由于儿子初征疆场，寸功未立，因此只能做父亲的马前卒。为了帮助儿子尽快立功，父亲送给儿子一个精致的箭囊，箭囊里边只插着一支箭。父亲郑重地对儿子说："儿子，这是咱们家传的神箭，只要佩戴在身边就能拥有非凡的力量，攻无不克，战无不胜。唯独记着一点就是千万不能拔出来，否则就没有神灵护佑了。"

儿子看着这个精美的、厚厚的牛皮箭囊，铜镶的边沿泛着幽幽的金光，连箭尾都是用上等的孔雀翎做的，于是非常欢喜！他挎上箭囊，幻想着自己用这支神箭射杀敌军首领的英姿，心里的底气陡然上升。不出所料，背着箭囊的儿子，一马当先，勇不可当，杀敌无数。

战斗结束之后，儿子实在控制不住，就将"神箭"拔出。刹那间儿子惊呆了，原来这是一支断箭！他十分气馁，心想自己一直挎着断箭在打仗，战时的勇气瞬间化为乌有，儿子垂头丧气地睡下了。

第二天，儿子没有挎着箭囊出征，结果惨死在敌军的乱刀之下。

"家传神箭"只是一种自我暗示，它只不过是在激励人们一旦投入战斗，就要心无杂念，这才是战无不胜的关键。在我们的潜意识中，情绪对我们的影响最深。

爱默生说，潜意识的力量在所有人类诞生以前就已经存在了，是它创造了整个宇宙，未来人类生存的疆界将不再仅仅只是宇宙的边界，而是人类的潜意识，而所谓的上帝也不过是潜意识的化身。

总之，世上从来没有一帆风顺的美事，只要你了解到潜意识的运行规则，就会发现生活中有太多的地方都能实践这种规则。

6. 多给自己正面的力量

当失败降临的时候，也是我们最应该感到庆幸的时候，因为我们结束了一条不可能走到尽头的路，从而回到了正确的轨道上来。

——沈兼士

（曾任北京大学教授，中国新诗倡导者之一）

人就是一个磁体，宇宙就是一个磁场，世界上有一种神奇的法则叫“吸引力法则”，你向宇宙要什么，宇宙就给你什么，所以有一种积极的、健康的、催人奋进的、给人力量的、充满希望的能量，这个能量会促进你快速成功，这就是“正能量”。

如果一个人有正能量场，就会不由自主地散发出健康、快乐的气息，这不仅会影响自己，还能感染他人。给别人一个微笑，让别人感受到你的快乐。情绪是能传递的，当你的正能量外放时，它就能驱赶走空气中不和谐的因子，把快乐的事物吸引到你身边来。

从古至今，正能量激励着千千万万人，帮助他们走出困境，拨开云雾。

唐朝中后期，唐顺宗为了惩治宦官专权发动了永贞革新，但因反动势力根深蒂固导致失败。而参与其中的王叔文被贬为渝州司马，不久病死。柳宗元、刘禹锡等六人都被贬为边远州的司马。

逆境中，刘禹锡并没有就此颓废。他积极乐观、从容淡定，好像不是被贬了，而是得了休养生息的假期。

按当时的规定，他应住衙门里三间三厦的屋子。可是，和州策知县是个见利而为的小人，目光势利，他见刘禹锡被贬而来，自无好处，便多方刁难。先是安排刘禹锡住在县城南门，面江而居。刘禹锡见房子面对大江，不但没有埋怨，反而很高兴，特撰写一联贴于房门："面对大江观白帆，身在和州思争辩。"

他这个举动气坏了策知县，他又令衙内书吏将刘禹锡的住房由城南门调到城北门，由三间缩小到一间半。这一间半房子位于德胜河边，附近还有一排排杨柳树，自是别有一番风趣。刘禹锡见了这个环境，也没有计较，依然安心住下，读书作文。因景生情，他又写了一副对联贴在新居："杨柳青青江水边，人在历阳心在京。"

策知县见他自是悠然自得，又把他的住房再度调到城中，而且只给一间仅能容下一床一桌一椅的房子。半年时间，刘禹锡连搬三次家，住房一次比一次小，最后仅是斗室。便想这狗官实在欺人太甚了，遂愤然提笔写下《陋室铭》一文，并请人刻于石头上，立在门前。

人间沧桑，策知县早已化作黄土泥沙，而刘禹锡所作的《陋室铭》一文，却是光照历史，流传千古，至今仍是一篇脍炙人口的佳作。

十年后，刘禹锡奉旨回朝。他得知自被贬后，皇上用了不少谄媚卑鄙的小人，正义之心难以与之相容。一日，他到玄都观重游，有感而发，写下了《元和十年自朗州召至京城戏赠看花诸君子》。诗里讽刺道："紫陌红尘拂面来，无人不道看花回。玄都观里桃千树，尽是刘郎去后栽。"

当时，刘禹锡的诗文已经颇有一番名气了。那些奸恶的小人立刻抓住了这个不放，说他藐视朝廷、看不起同僚。皇帝听信谗言，再一次把刘禹锡贬职到连州当刺史，后又任命他为江州刺史。后来他又到了苏州，颠沛周折，但他从未低头妥协。一次次的政治压抑和打击，激起了他更为强烈的愤懑和反抗，并从不同方面强化着他的诗人气质。

无情岁月十四年，梦得依是本色人。刘禹锡不畏权贵，以戏谑的轻松姿态又在玄都观写下：“百亩庭中半是苔，桃花净尽菜花开。种桃道士归何处？前度刘郎今又来。”

刘禹锡是乐观向上的，正是因为他对未来充满希望，才会越挫越勇。他是快乐的，因为他懂得“自古逢秋悲寂寥，我言秋日胜春朝”。在人生的低谷他没有一蹶不振，而是凭借着自己身上源源不断的正能量，为后世留下诗文 800 多篇，被称为一代诗豪。

“沉舟侧畔千帆过，病树前头万木春。”这是一种男儿的伟大志向，也是他散发出来的正面的能量。可见，正面的力量是多么的强大。给自己一个信仰，释放出正能量，你就是强者。

7. 有一种虔诚的信仰叫爱国

唯有民魂是值得宝贵的，唯有它发扬起来，中国才有真进步。

——鲁迅

（曾任北京大学讲师，无产阶级文学家、思想家、革命家）

如果说，世界上只可以有一种信仰，那一定是对祖国的热爱。从我们出生的那一刻起，这种信仰就被注入灵魂当中，伴随我们的一生。

爱国信仰是做人的根本。

我们为什么要爱国？一句话，国家养育了你！这好比问我们为什么要爱父母，因为父母生你养你，你与他们有了不可改变的血缘关系。同理，人与国家也是一种天然的血缘关系。你在这个国家里出生、成长，国家给了你特定的种族遗传、生活基础、社会关系、价值观念、文化修养。你的身躯、你的精神是国家塑造的。国家民族的个性已经深深地融在你的血液里。国家的名誉、利益和你的名誉、利益紧紧地连在一起，于是你与祖国就有了情感上的依存，有了利益上的一致。

有人说爱父母叫孝，爱祖国叫忠。忠孝二字是人类的基本道德，是人类对自己的父母和祖国的回报，是天然的法则，又是最起码的道德标准，无论哪个民族概莫能外。乌鸦反哺，羔羊跪乳，动物且然，况于人乎？于是我们就有了一种无法割舍、无法忘怀、如影随形、伴随终身的恋国之情。

国破则家亡，国盛则家旺。

周恩来总理曾经立下誓言“为中华之崛起而读书”。他也是这么做的，拥有伟大志向，用尽毕生之力为祖国和人民奉献自己。

虔诚的爱国者不是喊喊口号，而是真正为这个国家、民族贡献出自己的一份力量。

郭钦光原名郭书鹏，自幼家里贫苦，但他很勤奋，热爱读书。他在家人和乡亲的帮助下来到京城求学。

当时他正在上中学，是袁世凯和日本政府签订丧权辱国的“二十一条”的时候。他自幼就有着报效祖国的愿望，在反袁斗争期间他经常参加爱国宣传和演讲活动，面对反动军警的包围和恐吓，他毫不畏惧，从不退缩。

终于，“五四运动”在无数个像他这样爱国青年的呼声中爆发了。他积极参加游行队伍，用自身的行动感染着周围的人。

可是，他不幸地患上了肺病，但他仍旧没有停止自己的爱国行动。在游行至曹汝霖的住宅的时候，他被曹家人和卫兵殴打，吐血倒下，后来被送往医院抢救，但他的病情已经恶化到了晚期，于5月7日永远离开了他热爱的祖国。他当时才24岁。

他是“五四运动”中牺牲的第一位热血青年，也是学生中的唯一一个。

就这样，郭钦光被国人记住了，这个为国捐躯的青年，用自己的实际行动甚至是生命证明着自己对祖国的热爱和忠诚。

爱国，并不是要我们每天喊口号、游行，而是要求我们心怀祖国，无论在做人还是做事的时候，都要以爱国的大方向为指导，顾全大局，不违背国家的利益，不违背自己的良心。什么时候都不要忘记："国家兴亡，匹夫有责"。

陈天华在日本留学时，听到沙俄军队侵占我国东北，腐败无能的清政府又要同沙俄私订丧权辱国条约的消息后，他悲愤欲绝，立即在留学生中召开拒俄大会，组织拒俄义勇军，准备回国参战。

回到宿舍后，他咬破自己手指，以血指书写救国血书，在血书里陈述亡国的悲惨，当亡国奴的辛酸，鼓舞同胞起来战斗……他一连写了几十张，终因流血过多而晕倒，可嘴里还在不停地喊："救国！救国！"

爱国既是信仰，也是一个民族和人民共同的精神支柱。它是推动社会前进的巨大力量。爱国，体现了一个国家的凝聚力。换句话说，如果宗教信仰能帮助人解决心理上的需求和安宁，那么爱国主义就是一个人前进道路上的领路者。

现在的我们，生活在和平的年代是相当幸福的！但我们也要时刻记住：落后就要挨打！为了祖国的繁荣、个人的强大，我们不能停止奋斗，因为国家的命运与我们紧密相连。

8. 信仰迷失的悲剧

悲剧将人生的有价值的东西毁灭给人看，喜剧将那无价值的撕破给人看。

——鲁迅

（曾任北京大学讲师，无产阶级文学家、思想家、革命家）

信仰的迷失是众多悲剧产生的原因，比如一个民族没有信仰，就会破坏环境，发动战争；一个政治家没有信仰，就会机关算尽，祸国殃民；一个企业家没有信仰，就会贪得无厌，损人利己……

《公羊传》中有一个故事，在春秋时期，宋楚两国交兵，楚军包围了宋国都城，以为城中没有粮草供给自然会弃城投降，这是楚军的策略。但是对楚军而言，他们的情况也并不乐观，军中所剩粮草仅够维持七天，粮草尽便只能撤回。所以战争的关键点便是双方都不了解对方的底细，谁撑到底便决定了这场战争是谁赢。

宋国大夫华元与楚国大夫司马子反会面时，华元首先告知对方，城中已经穷困到极点，乃至“易子而食，析骸而炊”。

子反问：“为何要把实情透露出来?”

华元回答：“君子见人之厄则矜之，小人见人之厄则幸之。”意思是，相信子反是君子，不会乘人之危。

于是，子反随即也告诉华元，七天之后楚兵粮食将尽，如果还没攻下城池，就将撤兵。

子反回营后，将他们对话的内容告诉楚王，楚王大怒，责备他透露实情，子反回答道：“区区小宋国都能做到不欺诈，何况我们楚国人!”

后来楚王与子反一起撤回军队，归国。

这便是古人的信仰，即便是在关于输赢的战争面前，两军会谈也不做欺诈，为的是城中百姓安危，君子的作为便是不乘人之危。而反观现在，诚信缺失，欺诈盛行，人与人之间缺乏信任感，食品安全事件频发，对物质享受的追求达到极致，金钱与地位变为唯一的评价标准……

信仰的迷失，让我们失去了敬畏之心，让我们做人做事没有了良心和底线。人生没有信仰，人的生活变得没有目标，只是为钱活着，这样就很容易迷失自己。

对个人而言，信仰是活着的理由，心理学家证实，信仰能使人在生活的道路上遇到任何困难都能够坚忍不拔，战胜困难，无论处于任何环境都能以积极上进的思想对待生活。而信仰的迷失往往会造成生命的悲剧。

海子原名查海生，生于1964年，在农村长大。1979年15岁时考入北京大学法律系，大学期间开始诗歌创作。

从1982年到1989年，这7年的时光中，海子以他莫大的热情，洋洋洒洒地创作出了近200万字的作品。

然而，这样一个总是吟唱着“从明天起做一个幸福的人”，吟唱着“面朝大海，春暖花开”的人，却在25岁的美好岁月中，用卧轨结束了自己的人生。

平生落寞孤独的海子，死后引起了世人极大的注意。

在这样一个缺乏精神和价值尺度的时代，一个诗人自杀了，他迫使大家重新审视、认识诗歌与生命。海子的死让我们猜测种种，但我们发现了，这位诗人的信仰，在一定程度上是迷失的，他执着于自己的方式，沉迷在自己的世界，他的信仰是孤独无依的。

信仰一旦走错方向，就会衍生出无数的心魔。他不能忍受自己信仰的世界被摧毁，一旦这个世界倒下了，他也就倒下了。海子是脆弱的，他的信仰给了他对于明天的希望，却没有告诉他今天亦应该勇敢地活着。没有今天，又哪来的明天呢？

当代古兰经经注学家麦卡利姆·设拉兹认为，任何人在生活中都会遇到许多困难，而在克服这些困难时，只有宗教信仰能赋予人强大的精神力量。也正是因为此，我们发现在有信仰的人中，自杀现象很少，灰心、失望、自杀等消极现象往往发生在那些没有信仰的人身上。

人，千万不要迷失了信仰，做一个勇敢的人，好好地活着，找回属于自己内心的信仰，那是我们的价值所在。

9. 活着就是修行，责任为重

写教材一不要为名，二不是逐利，唯为教学和他人参考之用，切记认真，马虎不得。

——傅鹰

（曾任北京大学教授，物理化学家、化学教育家）

修行是一种精神、一种生活态度，它不为浮华的目的，只为当我们老去时，能获得灵魂永久的宁静。换一种说法，修行就是一个人对自我人生的自觉负责。懂得修行的人才懂得自觉负责自己的整个人生，会主动担负起应负的责任。在家庭中肩负起家庭责任，在社会中肩负起社会责任，而从来不觉得是负担和麻烦。这也正是道德和修为的体现。

邓稼先，中国的两弹元勋，1924 年出生于安徽怀宁县一个书香门第之家，第二年他就随母亲来到北京，在担任清华、北大哲学教授的父亲身边长大。在父亲指点下，他打下了很好的中西文化基础。1935 年，他考入志成中学，与比他高两班、同是清华大学院内邻居的杨振宁结为最好的朋友。邓稼先在校园中深受爱国救亡运动的影响，1937 年北平沦陷后，在父亲的安排下，他随大姐去了后方昆明，并于 1941 年考入西南联合大学物理系。1948 年至 1950 年他去了美国普渡大学留学，获得了物理学博士学位。

1950 年 8 月，邓稼先在美国获得博士学位九天后，便谢绝了恩师和同校好友的挽留，毅然决定回国。同年 10 月，邓稼先来到中国科学院近代物理研究所任研究员。1958 年秋，二机部副部长钱三强找到邓稼先，说“国家要放一个‘大炮仗’”，征询他是否愿意接受这项必须严格保密的工作。邓稼先义无反顾地同意，回家对妻子只说自己“要调动工作”，不能再照顾家和孩子，通信也困难。从小受爱国思想熏陶的妻子明白，丈夫肯定是从事对国家有重大意义的工作，表示坚决支持。从此，邓稼先的名字便在刊物和对外联络中消失，他的身影只出现在严格警卫的深院和大漠戈壁。

邓稼先不仅在秘密科研院所里费尽心血，还经常到飞沙走石的戈壁试验场。他冒着酷暑严寒，在试验场度过了整整 8 年的单身汉生活，有 15 次在现场领导核试验，从而掌握了大量的第一手材料。

1964 年 10 月，中国成功爆炸的第一颗原子弹，就是由他最后签字确定了设计方案。他还率领研究人员在试验后迅速进入爆炸现场采样，以证实效果。他又同于敏等人投入对氢弹的研究。按照“邓—于方案”，最后终于制成了氢弹，并于原子弹爆炸后的两年零八个月试验成功。这同法国用 8 年、美国用 7 年、前苏联用 10 年的时间相比，创造了世界上最快的速度。

1972 年，邓稼先担任核武器研究院副院长，1979 年又任院长。1984 年，他在大漠深处指挥中国第二代新式核武器试验成功。翌年，他的癌细胞扩散已无法挽救，他在国庆节提出的要求就是去看看天安门。1986 年 7 月 16 日，国务院授予他全国“五一劳动奖章”。同年 7 月 29 日，邓稼先逝世。他临终前留下的话仍是如何在尖端武器方面努力，并叮咛：“不要让人家把我们落得太远……”

“科学兴国，匹夫有责”，邓稼先一生都在为祖国无私地奉献，他把科学的兴亡作为自己的责任，为科学奉献了自己的一生。

负责是一种雷打不动的美德，是一股可以超越一切的力量。在一个有强烈责任心的人看来，负责不仅是一种行动，更是一种负责到底的精神，它可以让人超越时间和空间的限制，忍受生活的艰辛和不如意，也会将要负责的事负责到底，以换得问心无愧的平静。责任心是促进我们每个人进步、推动社会发展的动力。一个人如果没有责任心，就会失去人们的信任，失去立身之本，最终无所成就。

张琳非常喜欢排球，出生在体育世家的她从小就受到了很好的启蒙教育，并且期望能够考入体校，投身到国家的体育事业中，但阴差阳错，她却考进了工商管理系。张琳对事一向认真负责，尽管她不喜欢这个专业，可还是很认真地学习，成绩优异。毕业后张琳被保送到美国麻省理工学院，攻读 MBA，在当时，能在麻省理工学院攻读 MBA 对许多学生来说是可望而不可即的。后来，她经过不断的努力，又拿到了经济管理专业的博士学位，并且是以优异成绩获取的。

如今张琳已是证券业界的风云人物，但她却心存遗憾地说："老实说，至今为止，我仍不喜欢自己所从事的工作。如果能够让我重新选择，我会毫不犹豫地选择体育。但我知道那只是一个梦想，而我能做的，只是做好现在的本职工作……"

有次记者会，有人问道："既然你不喜欢你的专业，为何你学得那么棒？既然不喜欢眼下的工作，为何你又做得那么优秀？"张琳自信地回答："既然我现在在做这个工作，这就是我的责任，我就应该认真对待。不管喜欢不喜欢，那都是我自己必须面对的，就必须尽心尽力、尽职尽责，那不仅是对工作负责，也是对自己负责。有责任感可以创造奇迹。"

张琳把工作当成一种必须承担的责任担在肩头，全身心地投入其中，才可以把自己不喜欢的职业做到如此出类拔萃，她这样做不仅是在对工作负责，更是在负责自己的人生。

在今天，我们每个人都生活在一定的人群范围或集体中，犹如同乘一艘船在驶向彼岸的航程中，需要上下齐心协力，各司其职，各尽其责，一旦不负责任的思想流行起来，比作洪水猛兽也一点不为过！生活中，我们常常被安排到自己并不十分喜欢的工作和领域中，这时，任何的抱怨、消极、懈怠都是不足取的，只有心怀责任，在高度责任感的驱使下，我们才能赢得令人瞩目的成就。

我负责任、你负责任、他负责任，大家都负责任，才是对自己负责，对他人负责，对社会负责，我们这个社会才会是和谐的、安全的社会，我们的生活才会是幸福的。负责不仅是端正态度，更要做出成绩，不仅要做到，而且要做好，这才能体现“人”的含义。我们每个活着的人都应该具有责任感，让我们人人都有一份责任心，让我们都做一个负责任的人，做一个为自己修行的人！

10. 命运不会厚此薄彼

生活中其实没有绝境。绝境在于你自己的心没有打开。你把自己的心封闭起来，使它陷于一片黑暗，你的生活怎么可能有光明！

——俞敏洪

（北京大学毕业生，新东方教育科技集团董事长兼总裁）

世界上没有随随便便的成功，也没有无缘无故的失败。尘世锁屑，红尘纷扰，总难免遭遇凄厉的狂风、淋漓的冷雨，但是，这并不是苦难，而是恩赐，是命运对我们生命的打磨或锤炼。

中国有句俗语，叫“人比人，气死人”。这就好比刘翔不会去和泰森比拳击的道理一样，每个人都有自己傲人的一面，为什么一定要拿自己不太理想的一面和别人的强项较劲呢？上帝是公平的，他不会厚此薄彼，如果他没有给你倾国倾城的美貌，一定会在其他地方补偿你，比如智慧。只是他的补偿往往很隐蔽，要你自己去用心体会、发掘。所以，不要总是羡慕别人开跑车，冯巩说得好：“跑车能弥补得了跑人吗？”

《牛津格言》中有这样一段话：“如果我们仅仅想获得幸福，

那很容易实现。但我们希望比别人更幸福，就会感到很难实现，因为我们对于别人的幸福的想象总是超过实际情形。”

的确，生活中有太多的人在哀叹自己“生之多艰”，羡慕甚至嫉妒别人顺利得没有天理。看着别人有钱，嫉妒；看着别人有权，诅咒；看着别人有闲，郁闷；看着别人晋升，委屈。还有些人羡慕影、视、歌、运动明星，看到他们整天被包围在鲜花和掌声里，就愤愤不平，认为世界上就数自己最不幸。

其实，人生失意无南北，名人也有名人的失意。

贝多芬开始构思并动笔写c小调第五交响曲是在1804年，那时，他已写过“海利根遗书”，他的耳聋已完全失去治愈的希望。他热恋的情人朱丽叶塔·齐亚蒂伯爵小姐也因为门第原因离他而去，成了加伦堡伯爵夫人。

一连串的精神打击使贝多芬处于死亡的边缘，但贝多芬并没有因此而选择死亡。他在一封信里写道：“我不能想象我什么都没有创作就离开这世界。”贝多芬在一生中最痛苦的时期，展开了一次旺盛的创作高潮：降E大调第三交响曲（《英雄》）尚未写完，c小调第五交响曲（《命运》）已开始动笔。

1807年《命运》完成并出版之前，活泼浪漫的降B大调第四交响曲已在1806年上演，同场首演的还有F大调第六交响曲（《田园》），G大调第四钢琴协奏曲和为钢琴、合唱与乐队写的幻想曲。在此期间，完成的著名作品还有：C大调第二十一钢琴奏鸣曲（《华尔斯坦》），f小调第二十三钢琴奏鸣曲（《热情》），俄罗斯弦乐四重奏三部，贝多芬自己钟爱的唯一一部歌剧《菲黛里奥》和三种《莱奥诺拉序曲》，贝多芬唯一的小提琴协奏曲——D大调小提琴协奏曲（这也是世界小提琴经典作品），C大调弥撒曲，等等。

这些作品都堪称是皇皇巨著，每一部后来都成为垂世之作，这是贝多芬留给全世界宝贵的精神财富。

命运常常是公平的，给你一种遗憾，也会给你一种完满，藏在别人光鲜的背后或许也是心酸，所以不要总是去羡慕别人，而是应该去体会属于自己的幸福。

很多人羡慕成功人士，尤其是那些曾经和自己一起寒酸过的人。如果有人说，美国阿拉斯加州有个人发现了一个史上最大的金矿，把整个阿拉斯加都买下来了，你也许只是一笑置之，并不在意，因为那离我们太遥远。但若是你的一个老同学、老邻居、老朋友——你们俩昨天还一起去菜市场买过菜，一块儿跟菜贩子砍过价，而今天，他却——突然发达了，“人模狗样”“招摇过市”，你立刻就会适应不了，愤愤不平：他有什么了不起？凭什么就发达了？

每个人都想出人头地。你喜欢做一样事情，你努力了，没有成功，请不要抱怨谁对你不公，因为，上天给了人同等的机会，你不成功，只能说你的能力不够，或者你根本就不适合这一行业。

一个自以为很有才华的人，一直得不到重用，为此，他愁肠百结，异常苦闷。一天，他去拜访一个大师，向大师倾诉自己的苦恼后，愤愤不平地问大师：“命运为什么对我如此不公？”大师听了沉默不语，捡起了一颗不起眼的小石子，把它扔到乱石堆中，然后说：“你去找回我刚才扔掉的那个石子。”结果，这个人翻遍了乱石堆，也没有找到刚才那颗石子。大师又从手指上取下一枚戒指，扔进了乱石堆，结果，他很快就找到了那枚金光闪闪的戒指。大师虽然没有再说什么，但是他一下子醒悟了。

所以当自己还是一颗石子，而不是一块金光闪闪的金子时，就永远不要抱怨埋在乱石堆里不被人发现。

是金子就会发光，是星星就会闪亮。你若是金子，放到哪里都会体现出你的价值，除非你将自己深深埋起来。

诗人卞之琳说：“你站在桥上看风景，看风景的人在桥下看你。”不必羡慕他们，他们或许更应该羡慕你。你可以选择成为更有境界的他们，但时刻要记得保持内心的平衡。如此，无论成败进退，你都不会为外物所累、所伤。

11. 走出虚荣的死胡同

伟大的人是不会滥用他们的优点的，他们看出他们超过别人的地方，并且意识到这一点，然而绝不会因此就不谦虚。他们的过人之处越多，他们越能认识到他们的不足。

——傅鹰

（著名化学家，曾任北大教授）

《易经》中有“白贲无咎”的话，意思是不虚荣、不装饰的人才是真正意义上的人。托马斯·肯比斯曾说：“一个真正伟大的人是从不关注他的名誉高度的。”可在千百年来，没有人能够摆脱虚荣，甚至被虚荣心折磨得死去活来的人大有人在。

当一个人虚荣时，就会错误地认为自己比别人强、比别人富有、比别人聪明、比别人漂亮，他（她）就会变得自负，不可一世，可实际上比他（她）显现给别人的要低劣得多、差劲得多，可出人头地的欲望却让他（她）做出超出自己能力、财力、实力的事情，背着别人的时候，他（她）会显得窘迫、空虚和无奈，其结果什么也得不到，所以虚荣者其实是自讨苦吃。

虚荣心强的人，最大的特点就是喜欢与人攀比。客观地讲，比也有比的好处：比可以催人奋进，激励斗志。俗话说“独木难成材”，那些单独生长的树木，由于有着充分的生存空间，因而往往生出很多横丫斜节，成不了良材。那些长得高、大、直的良材，往往都出自成片的丛林。原因就在于丛林中的树为了得到充分的阳光，都必须攀比，都必须一心一意地向上发展。

由树木想到我们人类，从某种程度上说，攀比的心理同样不可或缺，否则我们就会像丛林里的灌木那样，越长不高，就越得不到阳光，甚至渐渐失去生存空间。

应该说，这个世界上每个人多多少少都有点爱慕虚荣，即使是我们一度认为天真纯洁的孩子们，也会有虚荣心。不过，凡事都有限度。一个人不满足于现状，不甘落后，在特定情况下有一定的积极作用不假，但哲人说："人活着累，一小半源于生存，一大半源于攀比。"纷纷扰扰的大千世界，有人攀比外表，有人攀比金钱，有人攀比地位，甚至有人攀比配偶和孩子……但比来比去，一味的攀比带给人们的往往是无尽的烦恼和痛苦。

所以，我们应该把握住攀比的尺度，否则走进了攀比的死胡同，可就很难掉头了。

看过莫泊桑小说《项链》的人都知道其女主人公，就是爱慕虚荣惹的祸。玛蒂尔即小说女主人公为了虚荣心，向有钱的女友借了一串项链去参加舞会，晚上她成了最漂亮的女人，那串项链让她大出风头。可舞会结束后发现项链不见了，她只能借巨资买了条项链还给朋友，然后自己和丈夫花了十年时间攒钱还贷，终于还清了借款，可她自己却比实际年龄老了十岁。可笑的是，她花十年工夫攒钱还钱，却不知自己借的是假项链，为了这一晚上的虚荣，她花费了十年的心血。

虚荣使人沮丧，虚荣心就像沟壑一样永远难以填满。为了虚荣，有的抢劫偷盗，有的贪污挪用，有的欺瞒诈骗，等等，这些都只能一时满足其虚荣，可到头来丢了名、丢了爱、丢了家，最终还是丢了自己。

不难看出，当今社会普遍存在的虚荣心其实是世人对名对利的变态追求。虽然它貌似注重荣誉感，实际上却是对道德荣誉的背叛。

改变虚荣的毛病，最简单的方法就是：做一个真实的自我！要多交一些谈精神谈人生和淡泊名利的朋友，加强自己的内涵，而不要与虚荣心或是好胜的人过密来往；不要与人攀比，不要逞强，不要不切自身实际地超越别人，不要吹牛皮；要常常自问：追求虚荣对自己有多大益处？让人察觉打肿脸充胖子会是什么情景？生活是一时的快乐还是永远的快乐？这样就会慢慢控制自己的虚荣心，培养出良好的个性。

第八课
推崇理性，以理性面对生活的一切

感性是一瞬间，而理性则是永恒。感性是冲动和混乱，理性是规则和有序。感性能丰富生活，以理性生活并非等同于无趣和冷血，而是在感性的同时保持冷静的自我，少走弯路，更易达到预定的目标。

1. 莫因一时疯狂毁一世明智

遇事必须深思熟虑。先考虑可行性，考虑的方面越广越好。然后再考虑不可行性，也是考虑的方面越广越好。正反两面仔细考虑完以后，就必须加以比较，做出决定，立即行动。

——季羡林

（曾任北京大学教授，历史学家、思想家、作家）

所谓“行成于思毁于随”，意思是说：我们在行动之前应该多想想，这样的做法总是利大于弊的。导致人际关系变差的原因之一就是——“一时之气”！在情绪激动、愤怒的时候，多会发生疯狂之事，此时人的情绪化严重，理性被降到最低，也往往以心情看待问题，敲打也无济于事。

其实，在情绪不稳定时，最好先冷静下来，稍后再做决定，否则就会因小失大。

章武元年，关羽被害，此时张飞正镇守阆中重镇，惊闻此事，血泪衣襟，旦夕号泣。帐下诸多将领不停地敬酒以劝慰将军，但没想到醉酒后的张飞，怒气更盛。

张飞命人鞭打犯了一丝过失的士兵，甚至于将他们鞭打致死，以至于军中上下都万分恐惧。刘备听闻，就劝他说："翼德，这些士兵都是一直追随在你身边的人，你竟然鞭打他们，这样下去，迟早会惹祸上身，你应该宽容地对待士兵。"张飞依然如故，根本没有把刘备的话听进去。

后来，张飞为了替兄报仇，在军中下令，三军将挂孝伐吴，限三日内置办好白旗白甲。第二天，属下范疆和张达入帐请求宽限时日。张飞大怒，厉声道："为二哥报仇迫在眉睫，我恨不得现在就攻打逆贼，你们居然敢违抗命令？"说完，便把二人鞭打五十。还责令二人明日必须置办妥当，否则决不手软，以军法处置。

此时的范疆和张达已经被打得满口出血，但还被要求明日就得置办妥当，所以异常悲愤，正在范疆不知所措时，张达满脸愤恨道："与其他杀我，不如我杀他。"

于是，二人密谋趁张飞夜里大醉酣睡帐中时杀掉张飞。他们俩得逞后就连夜拿着张飞的首级，逃往东吴。

虽然张飞的悲剧与其时局因素有关，但最直接原因则是因为他脾气暴躁。在关羽被害之后，他没有反思，反而以鞭打手下来泄恨。而他的三日内置办三军白旗白甲的出格命令，更把手下逼得走投无路奋起反抗，最后自己落得悲惨下场。

纵观历史，从"义释严颜"和"计挑张郃"中可以看出，张飞并非一介莽夫，实乃粗中有细。但他在遇到关羽被害的伤心事后，异常悲愤，以致忘掉了平日里治军的本事。张飞戎马数十年，明知道他下令三日内置办白旗白甲之事根本不可能办到。然而，盛怒之下，张飞已经没有"义释严颜"的冷静了，报仇占据了他整个思想，以致丧失了他本该有的理性。

对于愤怒，如果不根据其特点对症下药，找准正确的调节方法，那不仅控制不了感觉体验，反而更增加了某些交感神经的激活水平，促进愤怒的突发性，其后果不堪设想。

换言之，人难免会受到亲情、友情等复杂社会关系的约束，这些约束使我们无法保持理智。正如泰戈尔所说："全是理智的心，恰如一柄全是锋刃的刀，它叫使用它的人手上流血。"

因此，想要对自己的人生负责，想要正确应对愤怒的情绪，就要理智，或者强迫自己不要做任何决定，只是单纯地发泄和哭泣。在冷静下来之后，再做决定和选择。要知道，世界上没有后悔药可吃。不要因一时，而毁一世！

2. 有利有弊，凡事皆有好坏两面

做过许多年补充兵，做过短期正兵，做过三年司书，以至当流氓。

——沈从文

（著名文学家、考古学专家，曾担任北京大学中文系教授）

事物都是有两面性的，如拥有与失去、欢乐与悲伤……看似互相矛盾，互相对立，实则上却互相关联在一起，差别只在一念之间，走错一步便会截然不同。

春秋末期，文种是当时著名的谋士，立下了赫赫功劳。越王勾践打败吴王夫差，就是在他和范蠡辅助下达成的。

文种和范蠡在军事方面都很有才能，但文种却没有范蠡的理智。当眼前有成功和荣誉时，他把未来想象得太过于美好，却没有想到美好的背后也存在着危机。也就是文种没有看到事物的两面性，没有辩证地进行思考，所以才造成被迫自杀的惨剧。

东汉建立，在刘秀当皇帝时，赤眉军尚未平定，他便派大将军冯异率军西征。当时赤眉军首领假装战败，设计引冯异追击，并在路上设下埋伏，大破其军。

冯异费尽千辛万苦，终于突围，回到营寨后，召集部队。

当时战线拉得很长，双方都难以分辨敌我，只能靠服装来辨认。冯异就想出了一个计策，让自己的一部分士兵把眉毛化成赤色，换上赤眉军的装束，混入赤眉军中。而后，剩余部队由冯异带领强攻赤眉军营寨，而那些混入的士兵在里面迎合他们，并在敌军营地纵火，引起骚乱，就在这样的内外夹击之下，冯异最终一雪前耻，在崤底彻底打败赤眉军。

胜仗归来，刘秀颁布诏令说："冯将军虽然在回溪失利，但最终获胜于渑池，可谓失而复得，应当论功行赏，以表战功。"

刘秀有"允冠百王"之称，他是东汉的开国皇帝，还被誉为最会打仗、最有学问、最懂用人的帝王。当时冯异大败之后，他并没有让冯异班师回朝，而是给冯异戴罪立功的机会，这才有了崤底大捷。事后，他又给这件事做了公正评价，不愧是一个明智的人。

刘秀大兴儒学、推崇气节，他在位的 33 年，正是后汉"风化最美、儒学最盛"的时代。所有这些都源于刘秀理性地看待事物，好坏兼顾。这也是他为何能在乱世之中如启明星般崛起、成为中兴之主的原因。相比文种只看到功名利禄、勾践气量小而只能共苦不能同甘要略胜一筹。

道德经有云："天之道，损有余而补不足，是故虚胜实，不足胜有余。"意思是：平衡便是这天下间的规律，强盛的事物要削弱从而弥补弱小的事物，所以虚多于实，不足胜过有余。老子的这些话告诉我们矛盾双方是对立统一的，并且这也是大千世界的客观规律。所以，当我们像文种一样处于优势地位时，须居安思危，千万不要陶醉于此。

有这样一个小故事：

在美国，一位刚新婚的军官接到命令，要一个人前往靠近沙漠的地方驻防，他非常疼爱自己的娇妻，不想让娇妻跟着自己吃苦，他很清楚那里的条件不是一般的差，但是他的妻子执意要跟着。

不管怎样，两个人在一起比什么都好，处于新婚燕尔的他们在一个小村落找了一间栖身的小木屋，周围住的都是不懂英语的印第安人，所以双方无法交流。更尴尬的是这里白天酷热难耐，风一年到头吹个不停，日子一长，开始的豪情渐渐没了，妻子觉得极其无聊。一次，趁丈夫外出参加部队演习，她就给母亲写了信，诉说苦处，并说她将要回家。

母亲很快回了信，意味深长地告诉女儿："有两个饿得发昏的乞丐晚上望窗外，一个看到的是泥巴，一个看到的是美食。"寂寞的新娘并不是真的愿意撇下自己的丈夫，想了想，便对自己说："那我就去寻找那美食吧。"从此，她改变了以往的生活方式，她与周围的印第安人交朋友，真正地走进他们的生活，并向他们请教怎样编织东西和制陶。慢慢地，新娘还迷上了印第安文化，不仅如此，她还开始研究沙漠，最后成了一名沙漠专家，写了一本有关沙漠的专著。

可见，凡事都有两面性，利弊是相生相克的，好与坏也是取决于如何看待它。你把它往好的一方面看，那它就会朝着好的一方面走。相反，如果你把它朝坏的一方面看，那它真的会如你所愿，变得越来越糟糕。

3. 理智对待自己的负面情绪

我深深地感觉到，一个人如果失掉快乐，那就意味着，他同时也已经失掉了希望，失掉了生趣，失掉了一切。

——季羡林

（曾任北京大学教授，历史学家、思想家、作家）

情绪是一种复杂的心理现象，具有多形式、多结构和多功能的特征。情绪既具有独特的主观体验色调，又具有鲜明的客观外部表现；既可以以心理状态的形式构成其他心理活动的背景，又可以以心理特质的形式蕴含在人的个性结构之中。

随着社会的快速发展，人的接触面越来越大，与外界的联系也越来越多，在这个时候，我们产生情绪的概率也会相应增加，不管是好情绪还是不好的。如果不把握好情绪的话，那负面情绪就会滋生，甚至影响我们的生活，使人做出自我毁灭的行为。

一位心理学家想知道人的负面情绪之恐惧心理对行为会产生什么样的影响，就做了这样一个实验：

刚开始的时候，他让十个人穿过一间黑暗的房子。在他的悉心引导下，这十个人很顺利地穿了过去。

接着，这位心理学家打开房内的一盏灯。在不那么明亮的灯光下，让这几个人往下看。这一看，他们就吓得浑身发抖。原来，这间房子的地面下是一个大水池，水池里有十几条鳄鱼，水池上方搭着一座窄窄的小木桥，而他们就是从小木桥上穿过来的。

这时，心理学家问他们："现在，你们当中还有谁愿意再次穿过这间房子呢？"

没有一个人回答，时间过了很久，有三个胆大的人站了出来：第一个人小心翼翼地走过去，前行的速度要比第一次慢一些；第二个人颤抖着身体踏上小木桥，还没走到一半，由于害怕，就慢慢爬了过去；第三个人还没走几步就趴在桥上了，一步也不敢往前走了。

接着，心理学家把房间里所有的灯都打开了，房间很亮，把一切看得都很清楚。细心的人这时发现小桥下方装有一张安全网，网线很细、颜色极浅。

"现在，谁愿意通过这座小木桥？"心理学家问。这回，又有五个人站了出来。

"你们为什么不愿意呢？"心理学家望着剩下的两个人，这样问道。

两个人互相看了一眼，同时问："这张安全网牢固吗？"

实验表明了负面情绪之恐惧情绪对人们行为的影响：当人

们心存恐惧的时候，就迈不开行动的脚步，就会退缩、畏缩。相反，如果人们没有这种恐惧的话，那就会大步向前，顺利地渡过难关。

可以说，负面情绪是一种很短暂爆发的力量，在情绪激烈的时候，人根本就找不到自己的方向，他的脑海里只会有一个想法，再也容不下别的念头。

在生活中，我们经常会遇到这样的人：遇事非大喜则大悲，他们容易因小事而大发脾气；不过，同样，也极容易因喜乐而手舞足蹈。他们快乐时表现出来的天真烂漫让很多人为之开心；但是，在他们情绪不好时，他们的行为却也令人避之不及——周围的人，很难适应这种大起大落的情绪发泄，纷纷敬而远之，故使他们很难维持自己的人际关系。

苏轼是豪气澎湃的大文豪，在他的作品里，千思奇想，无所不容。但《江城子·密州出猎》中的词句却与他本人的性格大相径庭，这也正是他的高明之处。平日里“左牵黄，右擎苍”的快乐并非是苏轼有意假装的，他对亡妻的哀悼也是真情实意的，两种感情似乎不能相容，但是苏轼却能很好地处理这些负面的情绪，他在怀念妻子的时候写下文章悼念，但回归生活却不再伤感。他在该怀念的时候怀念，从不把悲伤带进平日的生活，他知道妻子不会愿意他沉沦的。苏轼身上有负面情绪，但他却控制得很好，以诗词寄托感情，表达感情，而又不过火，所以在善于管理自己负面情绪方面，苏轼可谓是一位高手。

还有这样一个关于庄子的传说：

在庄子快死的时候，他的弟子想要厚葬他，因此四处筹钱，为他的后事忙碌。庄子知道了，对弟子说：“我死了，棺材就是天地，陪葬的玉石珠宝就是日月星辰，上天把世上万物都赐给了我，难道这些还不够安葬我吗？”

弟子却不认同，担心地说：“老师是很高明，可我们担心会有老鹰、乌鸦吃了您的尸首呀！”

庄子却笑了，说道："不埋葬会被乌鸦吃掉，埋葬则会被虫蚁吃掉，这有什么区别呢？所以何必从乌鸦的嘴里抢来给虫蚁吃呢？"

弟子沉默不语，最终只得放弃了厚葬庄子的打算。

其实庄子也是怕死的，只是庄子知道淡然面对生死，他明白死不仅是一个自然的过程，更是自由和解脱，因此他能够如此洒脱、如此风趣地面对死神。

庄子一生都知道该如何去调理自己的情绪，连面对死亡都洒脱自然，但他也曾哀伤过，在他的好朋友惠子死后，他就悲伤地感叹道："世上再也没有任何人能像你一样和我辩论了啊！"此时全然没了面对自己死亡的淡然。真性情的庄子，不会让悲伤压抑住，也不会让恐惧淹没自己。他的洒脱的根源就是他能够理智地对待负面情绪。

其实，我们只有把负面情绪控制在可以承受的范围内，正面情绪才会显露出来。所以说，当我们出现负面情绪的时候，要及时调整好心态，重新审视自己，向现实和自我挑战。发现身边的亲人、朋友出现负面情绪的时候，我们应该及时伸出温暖的手，予以安慰、鼓励和扶助，这样才能保证我们家庭和睦、工作愉快、生活满意。

4. 释放压力，善待自己

态度决定成败，无论情况好坏，都要抱着积极的态度，莫让沮丧取代热心。生命可以价值极高，也可以一无是处，随你怎么去选择。

——卞之琳

（曾任北京大学教授，诗人、文学评论家、翻译家）

每个人都会面对一些压力，压力并不可怕，但压力累积到一定程度时，我们就会感到很难受。就像气球一样，如果不断往自己体内灌输气体，无处释放，那结果只会是爆炸了！

其实，当遇到压力时，最明智的办法是采取一种比较积极的态度来面对。有一则小寓言：

有一种小虫子很喜欢捡东西，在它所爬过的路上，只要是能碰到的东西，它都会捡起来放在背上，最后，小虫子被身上的重物压死了。

在生活中，有些人的所作所为像极了小虫子，总是贪求太多，把重负一件一件披挂在自己身上，舍不得扔掉。假如我们能学会取舍，学会轻装上阵，学会善待自己，凡事不跟自己较劲，甚至学会倾诉发泄释放自己，是不会被生活压垮的。

在加拿大魁北克有一条南北走向的山谷，它没有什么特别之处，唯一让人意外的是，山谷的西坡长满了松、柏、女贞等树木，而山谷的东坡却只有雪松。时至今日，也没有人能解释这个谜团。

直到1993年，一对夫妇来到山谷，才明白了一些道理。

那年冬天，伴随着严寒的降临，这对夫妇的婚姻也走到了不可挽回的边缘。在离婚之前，他们决定一起来次浪漫的旅行。于是，他们选择了这个山谷。

到达山谷后，这对夫妇先支好野营的帐篷，然后欣赏这漫天的美丽雪花。这时，他们惊奇地发现，由于特殊的风向原因，东坡的雪总比西坡的雪大一些，且更加浓密。不一会儿工夫，雪松上就落满了厚厚的一层雪。当雪积到一定程度，雪松那富有弹性的枝丫就会向下弯曲，直到雪从枝上滑落。于是，反复地积、反复地弯、反复地落就成了一个重复的动作，但雪松还是完好无损。

突然，妻子高兴地对丈夫说："我知道东坡为什么只有雪松了！是因为别的树不会弯曲，才被雪摧垮了！"

听到妻子的话，丈夫似乎是明白了什么，说：“是啊！对于一些外在的压力，我们应该通过正面的努力去战胜它！有时，我们也应该像雪松那样先学会弯曲，做出适当的让步，以求反弹的机会。”

适当的弯曲不是倒下和毁灭，而是为了生存和更好地发展。生活给每个人都会带来压力，升学、就业、跳槽、爱情、婚姻等，压力一个接一个而来。可在压力面前，有的人就像是雪松，能屈能伸，从容洒脱；有的人就像是一些杂树，一筹莫展，从此放弃自己的生命。

其实，雪松承受的压力并不比其他的树小，可它懂得给自己释放压力，不让压力累积。由于它善于释放压力，不但没有被压垮，还为自己争取了更大的生长空间。

古人说得好：“文武之道，一张一弛。”我们要学会习惯，学会忍耐和宣泄，释放压力犹如打太极，以柔克刚。太极借助的是打力，那我们就借助压力，不断鞭策自己，从而使自己得到释放。

总之，我们要善待自己，放松自己，快乐生活。

5. 顺境、逆境，淡定是王道

根据我个人的观察，对世界上绝大多数人来说，人生一无意义，二无价值。

——季羡林

（曾任北京大学教授，历史学家、思想家、作家）

淡是一种示现于外的状态，定是一种一心不乱的心境，一个人看事比较淡，不慌不忙，这种人，大都心里有定见，有主心骨。同样，一位一心不乱的人，对很多事也会表现得很淡定。正是心的定，才有行的淡。因此要想淡定，更多的要从定下心来开始修炼。所谓“禅心已定粘泥絮，不逐春风上下狂”。淡与定相表里，定是因，淡是果。

谢安，字安石，东晋名士。在他任丞相之时，前秦的苻坚率领八十万大军，直逼建康，投鞭断流，挟统一北方之势，志在必得。谢玄，谢安的侄子，在淝水前线作战，当时朝廷上下一片惶恐，或逃或降，各怀心思，东晋王朝岌岌可危。当前线捷报传来，众人都很高兴，唯有谢安但如从前，继续和客人下棋。客人忍不住问他，谢安却不动声色地回答：“小儿辈大破贼寇。”

难道谢安对此一点也不关心吗？当然不是，当时谢家的未来和东晋存亡都寄托在淝水之战上，听到胜利的消息谢安理应兴奋异常才是，但是他却毫无喜容，这也正是他的过人之处。因为他想到，此次虽战役大胜，但后续的交战还有很多，还有很多问题都没有解决，包括追击、俘虏、失地等。胜利了也不能松懈，要将继续奋斗。起初，谢安运用的就是“风声鹤唳，草木皆兵”以静制动来动摇敌人军心的心理战术。后来再加上“围棋赌墅”和“小儿辈大破贼寇”的神态，更加让东晋下至士兵百姓，上至将领官员，都被其感染而情绪镇定，因此，当时全国上下没有被胜利冲昏头脑，也没有因敌我实力过大而慌乱。

平常心就是谢安的诀窍，是极其简单的，并非什么玄机奇妙的东西，也不是什么深不可测的学问，不过是看水是水、看山是山的简单心态。往深里说，就是处逆境时泰然、遇顺境时淡然的本领。

谢安和谢玄在淝水之战前下的那盘棋也给我们人生带来了很大启示：如果你走得顺，占了先机的时候，稍微随意一点对大局可能影响不大；反过来，如果走得不顺，任何一步都很重要，此时则是力求最好，不错过任何积累反转能量的机会，直至最后彻底逆转，成为顺境。想要战胜逆境，就要比对方看得多，否则只能以失败告终。

苏轼涉足官场多年，历经政治风雨，饱经风霜，他的无喜无悲、乐观淡定的心态，支撑着他在一贬再贬后，仍能笑看人生。不过，东坡居士的淡定，还远不及一个叫佛印的人。

苏轼在瓜州任职期间，和金山寺的主持佛印相交莫逆，经常一起参禅论道。

有一天，苏轼在静坐时突然有所感悟，提笔就写了一首小诗："稽首天中天，毫光照大千。八风吹不动，端坐紫金莲。"苏轼觉得很是不错，就派书童送给佛印鉴证。

佛印从书童手中接过诗作一看，笑了笑，提笔写了两个大字，就叫书童拿回去了。苏轼见书童回来了，想到佛印禅师一定会赞赏他修行的境界，急迫打开诗作，却看见上面赫然写着"放屁"两个大字，不禁怒火中烧。暗自腹诽道："这死秃驴，居然辱骂于我。"立刻起身，慌忙乘船过江，找佛印理论去了。

苏轼到金山寺时，看到佛印早已恭候在此了，苏轼勃然大怒，质问道："佛印大和尚！我俩本是至交，我是为了修行才写诗的，你可以不夸赞我，但何必恶语中伤呢？"

"东坡，何人骂你？何出此言啊？"佛印若无其事地反问道。

苏轼指着诗作上的"放屁"二字给佛印看："你好好看看，这上面文字出自何人之笔？难道你想抵赖？"

佛印大笑："你不是说'八风吹不动'吗？怎么'一屁'就过江了？"苏轼呆立半晌，终于恍然大悟。他不得不承认：淡定如山，山外还有山。

苏轼一生风雨飘摇，人生态度多变，虽然他没有佛家不动如山的本事，但他也是相当淡定的，否则是支撑不了自己多舛的命运的。其实，世上的事大多是庸人自扰。逆境、顺境都是人生的一种表现形式，没有必要过多地去顾虑。

谢安的棋局转逆为顺，也不为所动；苏轼的一生波澜四起，但也谈笑面对。孟子曰："行有不得，反求诸己。"身处逆境之时多从自身找原因，面临顺境时多想想远虑近忧。此为王道也。

总之，要做到淡定，关键要围绕两点下苦功。一是给自己的志向、目标加上一个适度的顶端；二是厘清那些不必要的欲望，尽可能地将之摒弃。我们要疏离盲目的物质追逐，确立对社会的责任和对他人的关爱，用一颗淡定的心面对世界。

6. 学会隐忍，盛怒之下伤人伤己

对待一切善良的人，不管是家属，亦是朋友，都应该有一个二字箴言：一曰真，二曰忍，真者，以真情实意相待，不允许弄虚作假；对待坏人，则另当别论。忍者，相互容忍也。

——季羡林

（曾任北京大学教授，历史学家、思想家、作家）

忍一时风平浪静，退一步海阔天空！忍一片地，得一片海；忍一次鄙夷，得一次胜利。愤怒犹如一座“活火山”，只要将火山口盖住，耐心地等待，它就会自己悄悄地溜走。但是一旦你给它行一个方便，它就能喷出更多的怒气，这些怒气一旦爆发，不仅会伤害别人，更会伤害到我们自己。

孔子有言：“士不可以不弘毅，任重而道远。”在一路荆棘中，唯有学会承受，学会隐忍，韬光养晦，才能厚积薄发，铸就成功的辉煌。隐忍之道其实就是自我控制，在充分认清自己的实力之后，做到收放自如。隐忍不等于一味的忍让，何时该忍，忍到什么程度，这就要看每个人的修为和境界了。隐忍也不等于害怕，它只是战略上的忍让，但心里要十分清楚自己忍的是什么，等待的是什么，需要的是什么！

韩信幼年贫苦，很小的时候就失去了父母，主要靠钓鱼换钱维持生活，屡屡遭到周围人的歧视和冷遇。但是韩信抱负远大，他专心研究兵法，练习武艺，相信会有自己的出头之日。

所以，他习惯佩带宝剑，加上韩信身材高大，属于比较扎眼的人。

一次，一群恶少当众羞辱韩信。有一个屠夫对韩信说：有本事的话，你敢用你的佩剑来刺我吗？如果不敢，就从我的裤裆下钻过去。于是，韩信当着许多围观人的面，从那个屠夫的裤裆下钻了过去，史书上称为“胯下之辱”。

胯下之辱对一个男人来说是奇耻大辱，韩信是一个破落的贵族，而谁都知道一句话：士可杀而不可辱，韩信为什么接受这样一个奇耻大辱？他究竟是英雄还是懦夫呢？历史评论家柏杨先生有个说法很有意思：“不要认为弯下膝盖就是懦弱，这其中分两种情况：第一种是心胆俱裂，‘扑通’一声跪下来，这是懦夫；还有一种是先弯一下，然后往上一蹦——因为人只有蹲下来以后才能跳得高，这是英雄。如果是别人惹你一下，你就一下扑上去，一口咬住死死不放，这算是什么？是螃蟹！而韩信就是这样的英雄。”

如果说韩信当时不是忍气吞声，承受胯下之辱，而是奋起反击，甚至一怒之下将其杀死，那么韩信一定会被抓到衙门里去，轻的判个十来年，重了就判死刑，这样何来日后的“明修栈道，暗度陈仓”？何来“井陉之战，背水为阵”？何来“垓下合围，四面楚歌”呢？可以说，韩信之所以成功，与他早年备受欺辱是分不开的。那些曾经对他的讥笑、嘲讽、辱骂，其实都充当了他奋发的动力，给予的耻辱，是变相的鞭策。正是那些刻画在心里的伤痕，用疼痛时刻提醒着他，不能松懈，不能气馁，不能放弃。

韩信成就一番伟业回到家乡后，先是拿重金酬谢当年救他的老婆婆，接下来便是去寻找那个叫他钻裤裆的人。所有人都以为韩信必是要去雪胯下之辱，怎料到，他竟然感谢当年侮辱他的人，因为韩信认为，虽然老婆婆救了他的命，可真正成就他一番事业的是那个叫他钻裤裆的人。

在实际生活中，“忍”可以让我们思想变得有条不紊；“忍”就像夏日的凉风，丝丝吹来，冷却我们发热的大脑。“忍”就是我们成功处理问题的节点。当我们愤怒时，如果我们能使心情保持平静、态度保持温和，这样遇到事情就能抑制感情，从而保持冷静，才能使我们的生活大道变得更加平坦。

那是一个残酷的年代，战火纷飞，他举起锄头，汗水滴在干涸的大地上，瞬间化为灰烬。烈日下，他只是一个奴隶。孱弱的越国被强盛的吴国击败，越王勾践更沦为了吴王奴仆。面对妻儿离散，勾践隐忍着；面对吴王对自己尊严的践踏，勾践隐忍着；面对越国人民身陷战败痛苦中，勾践还是隐忍着。他为的是有朝一日能剑指吴国，击败吴王，光复越国。因此为奴二十年后，他领三万雄兵围困吴王于姑苏城中，统领吴越，在春秋的历史上写下了凝重的一笔，这是出人意料的一笔。

但，这绝非偶然。这二十年来，勾践放弃了曾为王，以及作为男人的全部尊严和欲望，博取吴王的同情与怜悯，卧薪尝胆，励精图治，终于成就一方霸业！

苦心人，天不负，卧薪尝胆，三千越甲可吞吴，出人意料却在情理之中。忍让是一种气度，能大忍的人必然能做大事。忍耐，是为了磨炼坚韧的性格；忍耐，是为了获得更大的成功；忍耐，是为了铸就永恒的辉煌。

忍耐虽然让我们暂时痛苦，却能让我们获得心灵上的解脱。所以它不仅是一种境界，更是一种智慧，既不至于迁怒于人，又能让自己不生气，还能轻而易举地化解矛盾。不过，忍是让我们躲避一时之气的方法，要想一世不生气，那么除了忍耐，还要将容与忍结合起来处世，从心里学会宽容，这样才是一个聪明人。

7. 为人低调方可修炼自己

谁的经历不是平凡而又平凡？内心经历的不同才在人与人之间铺设了巨大的鸿沟。

——周国平

（北京大学毕业，著名哲学家、作家）

在生活中，无论做什么事情，首先要懂得低调行事。低调，是一种人生态度。它是一种平和豁达、超然洒脱的态度，并不是消极的与世无争。一个人首先应该学会低调，低调才可以成就大事。

有道是：地低成海，人低成王。低调做人无论在官场、商场还是政治军事斗争中，都是一种进可攻、退可守，看似平淡实则高深的处世谋略。

在美国总统竞选史上，林肯是第一个用低调取胜的人。

当年他参加竞选时，坐在一辆耕田用的马车上，每到一个地区都和选民们亲切地说："大家肯定想知道我到底有多少财产吧，那么我告诉大家，我有一个妻子和五个女儿，都是无价之宝。此外，还有一个租来的办公室，室内有桌子一张、椅子五把。我本人既穷又瘦，没有什么可依靠的，我唯一的依靠就是大家。"

凭借这样的真诚和淳朴，林肯赢得了选民的拥戴，成功当选为美国第十六任总统。可见，低调是一种豁达，更是一种智慧。

低调，又是面对种种压力和诱惑，表现出的一种精神放松，进而达到拼搏而不被虚荣所累，既能融入社会，又能超越社会；既会工作，又会生活；拿得起，又放得下。

羊祜出身于官宦世家，是东汉蔡邕的外孙，晋景帝司马师的献皇后的同母弟。但他为人清廉谦恭，没有一点官宦人家奢侈骄横的恶习。

在他年轻时，曾多次被举荐，但他都一一谢绝了。就在曹爽专权时，他和王沈一同被任用。王沈很是开心，还劝说羊祜和他一起去就职，但羊祜却不为所动，淡淡地回答：“让我委身侍奉别人，这是不可能的！”后来，曹爽被人杀害了，他的属官都被免职了，王沈也位列其中。

后来，王沈对羊祜说：“我真后悔当初没有听你的话，以后我一定记住了。”

羊祜听了，并没有夸耀自己有先见之明，反而说：“这不是我预料到的事，恰巧而已。”

因为羊祜有辅助之功，所以在晋武帝司马炎称帝后，就任命他为中军将军。但他坚持不肯就职，于是就只由原爵晋升为侯，其间设置郎中令，备设九官之职。对于王佑、贾充、裴秀等前朝有名望的大臣，他总是十分谦让，不敢居于他们之上。

因为他都督荆州诸军事等功劳，加官到车骑将军，地位与三公相同，但他上表坚决推辞，说：“我入仕才十几年，就占据显要的位置，因此日日夜夜为自己的高位战战兢兢，把荣华当作忧患。我身为外戚，事事都碰到好运，应该警诫受到过分的宠爱。但陛下屡屡降下诏书，给我太多的荣耀，使我怎么能承受？怎么能心安？现在有不少才德之士，如光禄大夫李熹高风亮节，鲁艺洁身寡欲，李胤清廉朴素，都没有获得高位，而我无能无德，地位却超过他们，这怎么能平息天下人的怨愤呢？因此乞望皇上收回成命！”但是皇帝没有同意。

晋武帝咸宁三年，皇帝又封羊祜为南城侯，羊祜坚辞不受。羊祜每次晋升，常常辞让，态度恳切，因此名声远播，朝野人士都对他推崇备至，以至认为应居宰相的高位。晋武帝当时正想兼并东吴，要倚仗羊祜承担平定江南的大任，所以此事被搁置下来。羊祜历职二朝，掌握机要大权，但他本人对于权势却从不钻营。他筹划的良计妙策和议论的稿子，过后都焚毁，所以世人不知道其中的内容。凡是他所推荐而晋升的人，他从不张扬，被推荐者也不知道是羊祜荐举的。

有人认为羊祜过于缜密了，他说："这是什么话啊！古人的训诫：入朝与君王促膝谈心，出朝则佯称不知——这我还恐怕做不到呢！不能举贤任能，有愧于知人之难啊！况且在朝廷签署任命，官员到私门拜谢，这是我所不取的。"

羊祜平时清廉俭朴，衣被都用素布，得到的俸禄全拿来周济族人，或者赏赐给军士，家无余财。他临终留下遗言，不让把南城侯印放进棺柩。他的外甥齐王司马攸上表陈述羊祜妻不愿按侯爵级别殓葬羊祜的想法时，晋武帝便下诏说："羊祜一向谦让，志不可夺。身虽死，谦让的美德却仍然存在，遗操更加感人。这就是古代的伯夷、叔齐之所以被称为贤人，季子之所以保全名节的原因啊！现在我允许恢复原来的封爵，用以表彰他的高尚美德。"

羊祜是成功的，因为他一生都是低调的，上至一国之主，下至黎民百姓，都对他表示敬佩。羊祜的参佐们赞扬他德高而卑谦，位尊而谦恭。

是的，他为人善始善终，既可以在卑微时安贫乐道，豁达大度，又能在显赫时持盈若亏，不骄不狂，修炼到如此境界，是值得我们研究和学习的。

在生活中，我们要懂得谦卑，把它作为为人处世的黄金法则。只有懂得低调，我们才能得到别人的尊重，受到世人的敬仰。

低调做人，高调做事，是一门精深的学问，也是一门高深的艺术，遵循此理能使我们获得一片广阔的天地，成就一份完美的事业。

低调，是一种境界。有内涵、有修养、有本事的人，才敢于向别人低头，因为他知道自己的实力，他更懂得丰满的谷穗总是低垂着头的道理。他也有充分的自信，从不在乎自己低一点而被别人瞧不起。如果用乐观旷达、积极向上的心态去看待一切，那么坏机会也会成为好机会。如果用消极颓废、悲观沮丧的心态去对待一切，那么，好机会也会被看成是坏机会。所以，做人切勿患得患失，而应乐观旷达。

低调，更是一种心态。强中自有强中手，高人背后有高人。世上没有最高，只有更高。高是动态的、抽象的、永无止境的。但谁也不可能总是站在巅峰上，因此何不把自己看低一点、随和一点、自谦一点呢？

富兰克林曾说了一个道理，就是“愚人之心在口中，智者之口在心中”。可见，一个人不管名有多显、位有多高、钱有多丰，不管取得了多大的成功，也都应该低调做人，加强自身的修养，以一个好的姿态生活。

8. 肯低头的人，才不会被矮门撞到

唯诚可以感人，唯虚可以接物。

——马一浮

（曾在北大任教，现代著名思想家）

俗话说：“肯低头的人，才不会被矮门撞到。”一个人只有高瞻远瞩，懂得识时务，才能暂时躲开不利的处境。打个比方，如果敌人把你追到一堵高墙之下，没有可以前进的道路，但是你发现墙脚下有一堵小门，难道你非要束手就擒吗？宁为玉碎不为瓦全？俯下身子爬过矮门才不失为明智之举。

《三国志·蜀志·诸葛亮传》裴松之注引晋习凿齿《襄阳记》中记载：“识时务者，在乎俊杰。此间自有伏龙、凤雏。”这里所说的“俊杰”，并非是那些能认清时代潮流的，无坚不

摧、勇往直前的大英雄，而是那些懂得观察形势，在对己不利的情况下能屈能伸的人。只有做到这点，才能成为出色的人物。

一次，富兰克林到一位前辈家拜访。

一进门，他的头就撞在了门框上，疼得他都快掉眼泪了。前辈看到他这副样子，笑着说："很痛吧？可是，这将是你今天来访我的最大收获！一个人要想平安无事地活在世上，就必须时时刻刻记住'低头'。这也是我要教你的事情，不要忘记了。"

于是，富兰克林把这次拜访看成最大的收获，牢牢记住了前辈的教导，并把它列入他一生的生活准则之中。

民间有句谚语："低头的稻穗，昂头的稗子。"意思是说，越成熟、越饱满的稻穗，头垂得越低。只有那些果实空空如也的稗子，才显得招摇，始终把头抬得更高。

是啊，一个成熟的有成就的人，必须懂得低头和忍让！这是一种聪明的处世之道，是人生的大智慧！

有人问古希腊哲学家苏格拉底："你是天下最有学问的人，那么你说天与地之间的高度是多少？"

苏格拉底毫不迟疑地回答："三尺。"

那人笑了："先生，除了婴儿之外，我们每个人都有五六尺高，如果天与地之间只有三尺，那不是把苍穹都戳破了？"

苏格拉底也笑了："是啊，凡是高度超过三尺的人，如果想立于天地之间，就要懂得低下头来。"

故事中所说的"记住低头"和"懂得低头"，就是要告诉我们：不论你的资历和能力怎么样，在如此大的世界里，你只是渺小的一员。当我们想要走得更远、站得更高时，就应该在生活中保持低姿态，把自己看轻些，把别人看重些。

其实，生活又何尝不是如此。那些自认为怀才不遇的人，总是看不到别人的优秀；那些愤世嫉俗的人，总是看不到世界的美好……相反，那些懂得低头的人，生活总是一帆风顺。

所以说，我们应该学会适当低头。这并不是说我们不如别人，而是表现了自己的一种气度。比如当我们遇到不讲理、难以沟通的人时，不妨低头，不与他争辩，暂时同意他的话，这样才不会因为争辩而陷入困境。

9. 有耐心才能成大器

有些路看起来很近，走去却很远的，缺少耐心永远走不到头。

——沈从文

（著名文学家、考古学专家，曾担任北京大学中文系教授）

在通往成功的道路上，有耐心的人比没有耐心的人更容易成功。耐心比能力更重要，耐心的价值往往在于再坚持一下。

古往今来，成大事者都不是一帆风顺的，都是经历过艰难曲折的。司马迁在《报任安书》中举出许多例子："文王拘而演周易；仲尼厄而作春秋；屈原放逐，乃赋离骚；孙子膑脚，兵法修列；左丘失明，厥有国语；不韦迁蜀，世传吕览。"就连司马迁本人，也是在遭遇宫刑之后发愤著书，才有"史家之绝唱，无韵之离骚"的《史记》传唱于世。如果他们在面对这些困难挫折时没有耐心，那么如何能在中国历史上留下光辉篇章呢？

我国清代戒烟英雄林则徐，为了克制自己的急躁情绪，在书房里挂了一条横幅，写了两个遒劲的大字："制怒"。影片《林则徐》中有这样一个镜头：

钦差大臣林则徐审问洋人颠地时获悉，粤海关监督豫坤和洋人内外勾结，破坏禁烟。林则徐听后怒不可遏，把茶碗摔碎，这时他一抬头，"制怒"二字跃入眼帘，他由此警觉，沉住气，控制住了情绪。第二天，他若无其事，依然热情地接待豫坤，经过巧妙周旋，终于让豫坤乖乖地交出了修建虎门炮台的银两。

从林则徐制怒的故事里我们可以得到一个启示：沉住气，

怒是可以克制的。通过加强自身修养，就可以逐步达到“每临大事有静气”的境界。

如果把事情搭一搭、拖一拖、忍一忍，熬过怒火刚起的最初几分钟，激情就不会爆炸，这样就会使怒慢慢平息下来。

同样的道理，对于一个成功的企业家来说，一定不要怒而决断、怒而行事。“三思方举步”，这才是一个人避免失误的妙招之一！

新东方董事长俞敏洪小时候学习成绩不是很好，经过三年的努力，才考上大学。到了大学，他依然是班里的差生，因为是农村孩子，衣着寒酸，他也不爱说话，不爱与人交往，因此与同学们脱节，以致经常被人嘲笑。

有一次上体育课，体育老师竟然以“大补丁”称呼他。英语老师也经常嘲笑他，他没有人喜欢，没有交过女朋友，甚至E一段时间患上了肺结核，休学一年。

虽然如此，俞敏洪并没有放弃读书，而是更加努力地弥补自己的不足。他不顾别人的嘲笑，每天坚持学习。每天很早就起床学习英语，疯狂识记英语单词，学习语法，废寝忘食地练习口语。白天就在图书馆大量阅读，扩展自己的知识面，直到宿舍关门才会回来。他在持之以恒的努力下，竟然在大学期间读了 800 多本书，学习成绩也突飞猛进。

即使如此，俞敏洪的成绩仍然和班里的同学差距很大，但是相比刚入学时，他已经进步了，他也感到很满足。在毕业典礼上，他说了这么一段话：“大家的成绩都比我的优异，我是我们班的落后生。但是我要告诉同学们，我会一直坚持努力下去的，决不放弃。一件事情你们用 5 年干成，我要用 10 年，也要努力去成功。总之我会付出比你们更多的努力去做事情。即使最终我失败了，我也会淡然处之，保持心情愉快，要让身体健康，即使活到 80 岁，我也要把你们送走了以后我再走。”俞敏洪清楚地知道，只有永远不停止努力，耐下心来，才能赶上其他人。他说到了，也做到了。

从北大毕业后，俞敏洪留校当了老师，在北大任教的第三年，流行出国热，他也萌生出国的想法，后来他就去考托福，得了高分。但当时美国突然紧缩留学政策，由于他当时在北大上学期间的成绩并不优异，加之经济原因，赴美留学的梦想在努力了三年半后付诸东流。

后来，俞敏洪由于开设校外学习班，不得不离开北大。

从北大出来后，他创办了新东方，当时资金缺乏，工作条件也相当恶劣，他每天早出晚归地努力，仍然到处碰壁，但是他没有放弃。就这样，一眨眼就过了二十年，经过他的努力，新东方也在不断地壮大，在中国的培训教育机构中首屈一指，俨然成为了行业的“老大”。俞敏洪也经常向人们传授他的成功经验，时常忙碌在各大演讲台上，为年轻人树立榜样。

俞敏洪的经历向我们证明了：耐心比能力更重要，能沉得住气的人才能成大器。虽然刚入北大时是“特困生”，但只要努力，一样可以成为成功人士。

因此，面对百味人生，面对世事百态，我们需要潜藏的是不平之气。只有有耐心，才能走得远；只有沉住气，才能成大器。

第九课
内心向善，慈悲心方能度一切苦难

君子所以异于人者，以其存心也。君子以仁存心，以礼存心。仁者爱人，有礼者敬人。爱人者，人恒爱之；敬人者，人恒敬之。推己及人是儒家遵守的法则，与人为善、心怀慈悲，这才是君子所为。

1. 给予比接受更幸福

向人索求的越少，给予的越多，就越是接近于成功者的品质。

——林语堂

（曾任北京大学教授，著名学者、文学家、语言学家）

著名演员宋丹丹曾说：我忽略了一个生活中重要的原则——给予比接受更为幸福。我总是忙着给予，忙着让自己幸福。我不会也不太懂得接受，我忽略让他人给予，也就是忽略他人得到幸福的权利。

在生活中，我们也忙碌着各种事，忘记给予父母一句问候，忘记给予朋友在失落时的安慰，忘记给予孩子童年时期需要的快乐，忘记给予……还美其名曰：我忙，我累，我苦闷，我也不快乐！但其实，懂得给予的人，才真正懂得快乐，懂得生活。

有个小男孩家里很穷。在生日那天，妈妈给他买了一块小蛋糕，因为没有钱，只买了一小块，只够小男孩一个人吃。贪吃的小男孩狼吞虎咽地吃着蛋糕。等把蛋糕吃了个精光，才发现妈妈一直看着他笑。

小男孩吮着手指问妈妈："妈妈，你把最好吃的蛋糕给我吃了，你却没有，你为什么不哭呢？"

妈妈轻抚着他的头说："傻孩子，只有你吃了，妈妈才开心呀！"

小时候，我们都曾经被妈妈这样疼爱过。她把最好的东西留给我们，看着我们高兴的样子，她会更高兴。小时候我们对幸福的要求是：得到，认为得到了就幸福了。长大后，我们才明白，给予比接受更幸福。

一天，教授和学生一起去散步。教授对那些学生非常好，他愿意把自己的知识全部传授给他们。也因此，他常常被学生亲切地称为"学生们的朋友"。

在散步的途中，他们看到小路上放着一双旧鞋，就猜测这鞋子是在附近田地劳作的某个穷人的。

这时，学生扭头对教授说："我们来逗逗这个人吧！我们先把他的鞋藏起来，然后躲在那些灌木丛后，等着看他找不到鞋子的窘态吧。"

"我年轻的朋友，"教授答道，"我们永远都不应该把自己的快乐建立在损害穷人的基础上。既然你有钱，可以通过帮助穷人，让自己得到更大的快乐。在每只鞋里各放一枚硬币，然后我们躲起来，看看他对这个意外发现会有什么反应。"

学生照教授的吩咐做了，随后他们俩躲进附近的灌木丛里。

不久，那个穷人干完活，穿过田地来到他放外套和鞋子的小路上。他一边穿外套，一边把一只脚伸进鞋里。由于碰到了硬硬的东西，他弯下腰来想摸摸究竟是什么，结果发现了那枚硬币。

他面露迟疑地凝视着那枚硬币，然后翻过来，看了又看。接着，他看了看四周，可是连一个人影都没有。

他把钱放进口袋，去穿另一只鞋。当他发现另一枚硬币后，更是备感惊异。

他大为感动，跪倒在地，仰望上苍，感恩不止。他嘴里念及自己患病无助的妻子、食不果腹的孩子们，现在这些雪中送炭的慷慨救助将会使他们免于一死。

那名学生站在那里深受感动，眼中满是泪水。“现在，”教授说道，“与你先前预谋的恶作剧相比，你难道没有感到更快乐吗?”

年轻人回答道：“您给我上了一堂终生难忘的课。我现在终于领悟到这句话的真谛：给予比接受更幸福。”

如果你是一个只懂得享受幸福、接受幸福的人，那么你一定不懂得幸福的真正含义；如果你是一个懂得给予别人爱和幸福的人，你将得到世上最多的爱和回报。把别人的幸福当作自己的幸福，把鲜花奉献给他人，才是最幸福的人。

给予是一种快乐。每一个懂得给予的人都会在这种真心而无私的给予中，得到别人的尊重和敬仰，实现着自己的价值，感受着“给予别人，快乐自己”的乐趣。

2. 善事不关乎钱

我曾经说过，中国人对于快乐概念是“温暖、饱满、黑暗、甜蜜”——即指吃完一顿丰盛的晚餐上床去睡觉的情景。一个中国诗人也曾说“肠满诚好事，余者皆奢侈”。

——林语堂

（曾任北京大学教授，著名学者、文学家、语言学家）

我们经常在媒体中看到社会名流组织的公益组织和救助活

动，所以大多数人的潜意识里都认为：做善事，是有钱人才能做到的事。如果自己生活有各种压力、朝不保夕，哪里有能力去做善事！

有这种想法，实在是对行善、公益的一种误解。其实，行善不仅仅是用钱去救助别人，它的范围很广，有钱可以去修建寺院、施棺葬尸、赠医施药、印造经文、买物放生；没钱，你可以不去杀生，爱护生灵；解除与他人的恩怨，化解仇恨；替他人隐恶扬善；扶助老人、小孩以及盲人、残疾人过马路或上下车；让座给孕妇、老人；出言安慰病危或开导轻生之人；容人之过错……这都是行善，做这些事，只需要我们有一颗善良的助人的心，不需要一分钱。

在《阿阇世王授决经》上记载了这样一个故事：

阿阇世王用了一百斛麻油灯供佛，从他的宫门点到佛陀讲经说法的地方，这中间的距离足足有6里路。

有一位穷苦的老婆婆，因为感叹家人的命运和贫穷，也想布施，但是她哪里能像阿阇世王那样大量布施，她只有两个铜钱，只能买二两油。可能是被老婆婆的虔诚感动了，卖油的人又送了她三两油。

老婆婆拿着半斤油，心想这点油应该不到半夜就点完了，于是她在心里发了一个誓愿：如果我将来能成为像佛陀一样的圣人，希望我点的这一盏油灯通宵都不会熄灭！

那天夜里，国王所点的灯时明时暗，只有那位贫穷老婆婆的灯光一直亮，有一位目连尊者想用袈裟扇灭那盏油灯，可那盏油灯更加明亮。

佛陀对目连尊者说："这盏油灯不是你的力量可以熄灭的，这位老婆婆所点的油灯是她发了常人难以做到的誓愿，所以油灯燃的是她的心力，怎会轻易熄灭呢？"

行善是一种修行，既然说它是一种修行，就是心灵上的滋养，并非是用钱买得来的。所以，行善并非是用钱而是用心。比如一个百万富翁施舍 1000 元和一位穷困潦倒的人施舍 100 元，哪个人做的善事更大呢？其实没有可比性，如果真的要做个比较，穷人在自己都穷困潦倒时还能有心愿去帮助别人，这种善心更加难能可贵。

刘备临终遗言说“勿以善小而不为”，是想让儿子刘禅进德修业，有所作为。不要轻视小事，小中有大。小水滴不断滴下，力可透石；小火星足以燎原；小小的一句话，足以影响一国之兴衰；一丝小小的微笑，给人信心无限；每日一件小小的善行，足以广结善缘；“善小”不是“不足道”的，“小善”也含有大义。

北宋的陈希亮父母早逝，只能与哥哥相依为命。哥哥生性贪婪，侵吞了全部家产，只把三十万的借据留给了十六岁的陈希亮。

这时的陈希亮想要外出寻师，专攻学问。于是，他把那些欠款的人都找来，当面把借据烧毁了。然后背起书囊竹箱，离开家乡，不远千里寻师访友。

后来，陈希亮学有所成，金榜题名，回乡探亲。

这时，他的哥哥年事已高，身体状况很差，两个年幼的侄子还未成年。陈希亮不计前嫌，主动承担起服侍兄长、教养侄儿的责任。

当年与陈希亮一起外出游学的还有一位叫宋辅的同乡，但宋辅在外求学时不幸染病身亡，他家里还有老母亲、孀妇和幼子，生活也很艰难。陈希亮也主动承担起了照顾宋家的义务，把宋母一家接到自己家中。他对宋母十分孝敬，一早一晚都行问安礼，还将自己的女儿许配给宋辅的儿子。

但是，由于陈希亮俸禄不多，清廉自守，自己已有四儿一女、二位侄儿，家中已是十分拮据，如今又添了宋母全家，负担之重更不用说。

尽管如此，陈希亮宁可缩减自己儿女的衣食，节约家庭的不必要开支，也要把两个侄儿和宋辅之子抚养成人。他亲自教习他们吟诵诗书，与自己的儿子等同对待，让他们都有出外寻师访友的机会。

最终，他的两个侄子和宋辅的儿子都进士及第。乡亲们感戴他的为人，亲切地称他的家门为“一门三俊”。

陈希亮一生为官清正廉洁，所任之处，百姓无不夹道欢迎；任满离去，父老皆洒泪送别。他最终因辛劳过度而逝世。著名文学家苏轼，自称平生不为人作行状墓碑，却也为他破例写下了《陈公弼传》，生怕陈希亮的事迹失传于后世。

行善不存功利之心，便没有大善和小善之别，更不会有钱多和钱少而见功德之大和小之分。也许，你做不到像陈希亮那么无私，但是你可以从身边的小事做起，对待身边的人友善，处理好每一件力所能及的事，能为别人欢呼、鼓掌，能为社会尽一份绵薄之力，这都是在行善。

一位热衷公益事业的企业家曾经这样说：我们做善事并不是要从中获得什么好处，真正的福气，是我们做善事之后，获得了内心的平安。

3. 悲悯之心济苍生

你早已成我灵魂的一部分，我的影子里有你的影子，我的声音里有你的声音，我的心里有你的心；鱼不能没有水，人不能没有氧气；我不能没有你的爱。

——徐志摩

（曾任北京大学教授，现代诗人、散文家）

鲁迅先生的“无穷的远方，无穷的人们，都和我有关”，范仲淹的“先天下之忧而忧，后天下之乐而乐”，都是对悲悯之心的最好诠释。

一个具有悲悯情怀的人，总是悲悯万物，博爱众生，自觉地关注民生疾苦。一提到悲悯众生，我们会想到封建君主，似乎这是他们才需要肩负的责任，和普通人没有任何关系。但其实，这种想法是错误的！悲悯之心是指可以一个人敢于直面惨淡的人生，懂得思考生命意义，愿意捍卫人性尊严的情怀。只要有这样的心念，无论是君王还是普通百姓，都是一个有悲悯之心的人。

有这样一则故事：

一个游客跟随导游参观一所古宅，这所古宅里居住的是大户人家，建筑高大，院落别致。

不过，他发现这所古宅与他所看到过的其他古宅有一点不同，这所古宅的屋檐特别宽。他很好奇，便去问导游：这里面是否有什么典故？

导游对他说：古宅的主人是个乐善好施的人，他的日子过得温饱无忧，但是他每每看到在外流浪无家可归的人，便心生怜悯，给他们一些施舍。于是在建造自己的房子的时候，他就要把屋檐建宽一点，这样流浪汉或路人就可以在屋檐下避雨歇脚了。

游客对这独特的宽屋檐的故事心生感慨，就把这个故事记录下来了。

每个人都应该有这样一个心灵屋檐，有兼济苍生的情怀。

如果世上没有这些悲悯之人，世界会失去一种瑰丽的色彩。悲悯情怀历来久盛不衰，因为它蕴含了人世间至诚至善的真理。

五代十国时期，吴越国君钱镠十分迷信风水之说。

这天，有个风水师向钱镠进言，说西湖的存在实在破坏吴越国的风水，建议填平西湖，以保基业千秋万代。

谁也没有想到，一向迷信的钱镠却拒绝了风水师的建议。他对臣子们说："如果西湖真的危及吴越基业的话，我也情愿选择留下西湖，福泽百姓。我虽然酷爱风水之说，但绝不能做如此祸及万民的暴行。"

后来，北宋南下吴越，大军压境，兵临城下，宋太宗下了通牒：如果不赶快割让国土，便让大军踏平吴越国境。继任的吴越王钱俶为了保全国民，于是同意将"三千里锦绣山川"和十一万带甲将士，悉数献纳给北宋中央政权，避免了杭州一代遭受生灵涂炭的兵燹之灾。

这件事在历史上第一次实现了强盛的割据王国与政权的和平统一，被史家称为"伟大的投降者"。

自古以来，封建国王都是以江山社稷为重，社宗基业怎可轻易易手他人？钱俶也不例外，他是一个投降者，并要承受多少人的质疑和反对。钱俶对不起他的先祖，却对得起吴越的百姓。他的投降为百姓免除了战争之灾，还保住了西湖宝地。钱俶固然没有宋太祖、宋太宗那般一统全国，得立史册，但是他的悲悯之心却让吴越百姓永远地记住了他。他的功德像佛道一般泽被万民。他不是一位伟大的君主，却是一个伟大的人。

对于天下苍生来说，不需要侵略，不需要战争，他们需要的是安宁的生活。他们需要的也是拥有悲悯之心能够保住他们安宁的国主。

包拯铁面无私，在得知自己的侄子犯法之后，不顾众人劝阻，大义灭亲，斩首示众，以正国法。怎能说他这不是一种悲悯之心。人都有私心，戏文里包拯的嫂子如同母亲一般把他养大，最终他却将嫂子的亲生儿子送上断头台，这要经历怎样的挣扎。如果不是有着坚定的信仰，他是做不到的。他的信仰便是心系苍生，还人公道。

可见，悲悯之心是世间大爱，无论权贵，无论钱财。像钱俶、包拯这样的人，是以他们的仁爱之心惠及天下，仁爱之举泽被苍生，因而他们成了人们心目中抹不去的记忆。

悲悯是一种大爱，它源于同情而高于同情。积德行善、修炼德行，是大爱的必然，是大爱的使然！因此，我们都要抱有悲悯之心，以此来温暖整个世界。

4. 懂得感恩，才懂得施恩

多花时间成长自己，少花时间苛责别人。

——翟鸿燊

（北京大学客座教授，国学研究传播者）

人只有懂得报恩、愿意施恩，才能真正感到快活和舒适。可以说，衡量一个人的美德，不是看他的地位、财富和权力，而是看他有没有感恩之心，有没有施恩之举。

在这个世界上，总会有人向你伸出援手，让你摆脱生活的困境；总会有人为你指点迷津，让你明确前进的方向；总会有人甘愿用肩膀、身躯把你擎起来，让你攀上人生的高峰……

面对他人的施恩之举，我们是不是应该心存感激，懂得感恩呢？

春秋时期，宣子在首阳山附近打猎，便住在了翳桑。这天在打猎归来的路上，他看见一个人虚弱地躺在树下，就走上去问他："你怎么啦？"

那人说："我已经三天没吃东西了。"

宣子就将食物送给他吃，可那人却留下一半。

宣子问："他为什么要留一半？"

那人说："我到现在离家已经三年了，不知道家中老母是否还活得安好。现在这儿离我家很近，我要把食物留下来给她。”

宣子让他把食物吃完，另外又为他准备了一篮饭和肉。

后来，这个人做了晋灵公的武士，他叫灵辄。一次，晋灵公派灵辄去杀宣子，灵辄却在搏杀中反过来抵挡晋灵公的手下，帮助宣子脱险。宣子很是感激地问他：“为何这样做？”

灵辄回答道：“我就是你曾经救过的那个饿汉。”

宣子非常感慨，再问他的姓名和家居时，灵辄却不告而退。

灵辄的故事成了知恩图报的典范，杜甫在《奉赠韦左丞丈二十二韵》中所写的“常拟报一饭，况怀辞大臣”便是在夸赞灵辄高风亮节，记住别人对他的恩情，懂得报恩，不忘记回报。宣子赵盾是幸运的，他在首阳山下不经意间施舍点食物，救他人一命，同时也换回了自己一条命。同时，这也是必然的，没有那一饭之恩，灵辄大概也不会还他一命。

生活中，谁都可能遇到“恩人”，也都可能遇到仇人。因为有人愿意帮助你，也有人不愿意帮助你，甚至不喜欢你。而我们对待这两种人，就要明白一个道理：对于别人给我们造成的伤害，我们不要记在心上，要尽快淡忘掉；对于别人给予我们的恩惠，我们要时刻记在心上，并在条件许可的情况下，回报别人的恩德。

如果我们能够以宽容的心来对待别人对我们的伤害，以感恩的心来对待别人对自己的恩惠，人世间就会减少许多仇恨，增加更多的人间真情。

魏国边境靠近楚国的地方有一个小县，一个叫宋就的大夫被派往这个小县去做县令。

两国交界的地方住着两国的村民，村民们都喜欢种瓜。这一年春天，两国的边民又都种下了瓜种。

不巧这年春天，天气比较干旱，由于缺水，瓜苗长得很慢。魏国的一些村民担心这样旱下去会影响收成，就组织一些人，每天晚上到地里挑水浇瓜。

连续浇了几天，魏国村民的瓜地里，瓜苗长势明显好起来，比楚国村民种的瓜苗要高不少。

楚国的村民一看到魏国村民种的瓜长得又快又好，非常嫉妒，有些人晚间便偷偷潜到魏国村民的瓜地里去踩瓜秧。魏国村民很生气，决定也去踩对方的瓜地来报复。

宋县令忙请村民们消消气，让他们都坐下，然后对他们说："我看，你们最好不要去踩他们的瓜地。"

村民们气愤已极，哪里听得进去，纷纷嚷道："难道我们怕他们不成，为什么让他们如此欺负我们？"

宋就摇摇头，耐心地说："如果你们一定要去报复，最多解解心头之恨，可以后呢？他们也不会善罢甘休，如此下去，双方互相破坏，谁都不会得到一个瓜的收获。"

村民们皱紧眉头问："那我们该怎么办呢？"

宋就说："你们每天晚上去帮他们浇地，结果怎样，你们自己就会看到。"

村民们只好按宋县令的意思去做，楚国的村民发现魏国村民不但不记恨，反倒天天帮他们浇瓜，惭愧得无地自容。

这件事被楚国边境的县令知道了，便将此事上报楚王。楚王原本对魏国虎视眈眈，听了此事，深受触动。后来，就主动与魏国和好，还送去很多礼物，对魏国有如此好的官员和国民表示赞赏。

魏王见宋就为两国的友好往来立了功，也下令重重地赏赐宋就和百姓。

宋就"报怨以德"的行为恰好"转败而为功，因祸而为福"。这就像老子说的"报怨以德"，当别人对你做了错事的时候，我们不能效仿，而是应该用有德行的办法，让他知道改正错误。不然会让彼此间的缝隙愈演愈烈，只有这样才能化解掉怨仇，不然只能让彼此间的缝隙愈演愈烈。

正所谓："冤冤相报何时了，得饶人处且饶人。"要知道，任何仇恨都不会是永恒的。如果你记恨、仇视、报复一个人，结果只能导致让他更加记恨、仇视、报复你。你敬人三分，别人自会敬你一丈。

所以说，懂得报恩的人，大多是愿意施恩的人；能够忘仇的人，大多是乐于助人的人。衡量一个人的美德，不是看他的地位、权力和财富，而是看他有没有感恩之心和施恩之举。而且感恩的最好方式，就是施恩于更多的人。你帮助我，我帮助他，他帮助你，这样，我们的世界才会变成美好的人间。

5. 宽容别人，就是善待自己

对学生发火不多，但也有几次。这说明我的修养还不够，还得加深修炼。

——张岱年

（曾任北京大学教授，中国哲学史学会会长、名誉会长）

人生苦短如白驹过隙，我们是要宽厚待人、潇洒从容地过，还是凡事斤斤计较、患得患失，带着怨愤思心地过，全由我们自己选择。

很多人都觉得记住那个伤害自己的人，并在自己强大后给以还击，是对自己的负责任，是雪耻的表现。其实恰恰相反，真正的爱自己应当宽容他人。当你在心里埋下仇恨，纠缠于往事的枝枝叶叶，只会让自己伤得更深。要知道，你赔上的除了时间，还有健康、情绪以及当下的生活。

北宋名相韩琦担任大名府府尹的时候，有人送他两只玉杯，说："这是耕地的农民从坍塌的古墓中找到的，没有一丝斑痕，完美无瑕，可以算是传世之宝了。”

韩琦欣然收下，拿了很多钱酬谢献宝人。后来，凡是设宴招待客人，他都要专门摆一张桌子，铺上精美的绸缎，然后放上玉杯，用来给尊敬的客人斟酒。

有一次，韩琦设宴招待漕使，正要用玉杯来斟酒劝客时，一个差役失手把玉杯碰到地上跌碎了。大家都愣住了，差役吓得跪在地上等待发落。韩琦却面色不变，对众人说：“世间一切东西的存亡兴废，都有一定的命数时限在那里。”

在场宾客们都不禁赞叹起韩琦的宽厚来。

后来，韩琦统领定州军政，曾经夜间写信，让一个士兵拿着火把在身边照明。那个士兵东张西望，心不在焉，火把烧着了韩琦的胡子，韩琦急忙用袖子掸灭，继续写信。待写好之后，才发现士兵已经换人了。韩琦怕亲兵队长会鞭打那个士兵，连忙喊来亲兵队长，对他说：“你不要追究他，他现在一定知道怎么拿火把了。”

被侍吏烧了胡须之后，韩琦不但没有生气，反而担心侍吏受到责罚，这样的好人，不佩服都不行。

无论是玉杯被毁还是胡子被烧，韩琦都表现出了一个士大夫应有的气度，就像西晋文学家潘岳说的“乾坤以有亲可久，君子以厚德载物”。宽容别人是一种心态，也是一种涵养和处世修为。

荀子曾说：“君子贤而能容众，知而能容愚，博而能容浅，粹而能容杂。”意思是说，宽容是一种豁达，人非圣贤，孰能无过。对于别人的过失，应当宽容他，善待别人善待生活，这样不仅可以给别人带来温暖和快乐，往往也可以产生比他人更好的效果。

原谅别人就是善待自己，只有走出灰暗的心境，才能迎来一抹明媚的阳光，开始另一段美好人生。

6. 凡事肯替别人想，是一等的学问

考虑别人与自己一样多的人就是好人。

——王选

（现任北京大学教授，著名科学家，中国高科技产业自主创新的先驱者）

如果凡事能够多为他人着想，多从对方的角度考虑问题，就会减少很多不必要的矛盾，也会为自己赢得更多的朋友。相反，如果只为自己考虑，那不仅不能解决问题，反而会使矛盾加深，这样的人也是交不到朋友的。

处事多为别人考虑，并不是在牺牲自我，反而与爱自己是一致的。人的本质具有社会性，人在为别人考虑的时候，其实是在更全面地爱自己。

在人际交往的过程中，有的人总是处处碰壁，尽管他们已经很努力地与他人沟通、交流，可是，仍旧常常引起别人的误会，与他人产生隔阂。他们常常感叹："人与人之间的交往怎么如此复杂？怎么都做不对。"

实际上，虽然人们之间的交往没有固定的公式可循，但是也没有想象中的那么复杂，这里面的原则是要多为他人着想。只要你能够多为他人着想，你就能与他人建立起良好的人际关系。看看下面的事例：

小熊和小鹈鹕都住在森林里。一天，两只小熊捕鱼后往家走，半路上遇到了一只小鹈鹕。小熊便热情地邀请小鹈鹕说："我们捕到了这么多鱼！到我们家来做客，今天中午我们炖鱼吃！"

小鹈鹕高兴地满口答应。果然，小熊刚到家，小鹈鹕就跟着来了，并坐在饭桌旁。

“随便吃，别客气！”两只小熊热情地招待客人。

小鹈鹕也不见外，毫不客气地大吃大喝起来。不一会儿，桌上的鱼没有了，因为鱼全跑到小鹈鹕的肚子里去了。

两只小熊你看看我，我看看你，又摸了摸叫得咕噜噜的肚子。

“咦，你们的肚子怎么还咕噜噜地叫啊？你们没吃饱吗？”

“鱼都被你吃光了，我们还没吃呢！”一只小熊不满地说道。

“你们可以再去捕一些嘛！你们的本领那么高！”小鹈鹕一边说着，一边打了个饱嗝。

自那以后，小熊们再也没邀请过小鹈鹕到家里吃饭。有时，小鹈鹕在路上看到小熊们去捕鱼，便问：“晚上你们炖鱼吗？”

小熊们也不搭理。为此，小鹈鹕感到很疑惑。

现实生活中，总有像小鹈鹕这样，只为自己着想，从来不为他人着想的人。也因此，他们的人际关系常常是一塌糊涂。

人际关系是相互的，你怎样对待他人，他人也会怎样对待你。虽然说人要活出个性活出自我，但也必须是在多为他人考虑的基础上。只有这样，才能相互和谐相处，才能建立起互帮互助的良好人际关系。

孔子曾说过“己所不欲，勿施于人”，是说不要把自己不喜欢的事情再强加给别人，而要设身处地为别人着想，也就是从别人的角度考虑事情。

孔融是东汉文学家，字文举，为当时著名的建安七子之首，很有文才。他也是当时比较正直的士族代表人物之一，刚直耿介，傲岸一生。

孔融家里有五个哥哥、一个弟弟。有一天，家里吃梨，一盘梨子放在大家面前，父亲让四岁的孔融先拿，只见他不挑好的，不拣大的，而是拿了一个最小的。

父亲看了，心里很高兴，别看这孩子才四岁，还真懂事，就问孔融："这么多的梨，让你先拿，为什么不拿大的，而是拿了一个最小的呢?"

孔融回答说："我年纪小，应该拿个最小的；大的留给哥哥吃。"

父亲又问他："你还有个弟弟哩，弟弟不是比你还要小吗?"

孔融说："我比弟弟大，我是哥哥，应该把大的留给弟弟吃。"

他父亲听了，哈哈大笑说："好孩子，真是一个好孩子！"

孔融四岁时就知道让梨了，他上让哥哥，下让弟弟，怪不得父亲如此称赞他。

遇事能够为他人着想，是对他人的一种尊重，对他人的一种爱护。

替他人着想是一种情感的付出，一种友谊的珍惜，一种爱的奉献，一种善良的感恩，一种成功的智慧，一种人生的经营，还是一种合作的沟通。

昔日，范仲淹在开封任职时，曾让他的儿子纯仁将五百斛麦子解送到姑苏。纯仁在半路上遇见父亲的故友石曼卿先生。

那时石曼卿正遇落魄光景，家中有丧事，三年尚未埋葬。纯仁知道了，马上将麦子卖掉，把所得钱财全部接济给石曼卿。后来又听说石曼卿还有两位女儿，因为家贫没有出嫁，便将运麦子的船也送给了他。

纯仁返回开封后，把事情告诉父亲说："在丹阳遇见了石曼卿先生，他有丧，三年未葬，又有二女未嫁，卖麦所得的钱，全帮助了他，还不够。"

范仲淹就说："何不连船也给他呢?"

纯仁回答："船也给他了。"

这真是父子同心啊！儿子纯仁果然不负父亲取名"纯仁"的厚望。

这是流传千古的佳话，听上千百回也不觉乏味，范氏父子博施济众，处处替别人设想的可贵做法，着实令人赞叹！

总之，无论是在工作中，还是在生活中，都要理解他人，宽容他人，用人心打动人心，要经常设身处地地为他人着想，要学会站在他人的立场来看问题。

凡事多替别人考虑，生活中就会少一些责怪和挑剔，少一些矛盾和仇恨，人们之间就会多一些友善与支持，多一些和谐与文明。多替别人考虑的人，他生活的天地会变得无比广阔；多替别人考虑的人，也会得到别人的人情和关怀。真诚换真诚，如果人人都多替别人考虑，整个世界会变得更加和谐、美好！

7. 把自己的快乐分享给他人

让自己快乐，是一种美德；让别人快乐，是一种功德；人际交往，最忌讳的是一脸死相。

——翟鸿燊

（北京大学客座教授，国学研究传播者）

或许我们会有这样的体会：当我们看到一部好电影的时候，就会介绍朋友一起看；当我们听到一首好歌的时候，就会介绍朋友一起听；当我们吃到一道美食的时候，就会邀请朋友一起品尝……

这就是乐于和别人分享的心理，当和别人分享时，就会有了双倍的快乐。

一位犹太教的长老，酷爱打高尔夫球。在一个安息日，决定偷偷去高尔夫球场，想着打 9 个洞就好了。由于安息日犹太教徒都不会出门，球场上一个人也没有，因此长老觉得不会有人知道他违反规定。

然而，当长老打第2个洞时，却被天使发现了。天使到上帝面前告状，上帝听了，就跟天使说，会好好惩罚这个长老。第3个洞开始，长老打出超完美的成绩，几乎都是一杆进洞。到打第7个洞时，天使又跑去找上帝："上帝呀，你不是要惩罚长老吗?"上帝说："我已经惩罚他了。"

直到打完第9个洞，长老都是一杆进洞。因为打得太神乎其技了，于是长老决定再打9个洞。天使又去找上帝了："到底惩罚在哪里?"

上帝只是笑而不答。

打完18个洞，成绩比任何一位世界级的高尔夫球手都优秀，但长老高兴了一下子就蔫了。天使很生气地问上帝："这就是你对长老的惩罚吗?"

上帝说："正是！你想想，他有这么惊人的成绩以及兴奋的心情，却不能跟任何人说，这不是最好的惩罚吗?"

没有人分享的人生，无论面对的是快乐还是痛苦，都是一种惩罚。因为我们的生活需要伴侣，快乐和痛苦都要有人分享。不单单是快乐，我们任何好东西也要学会和别人一起分享，我们的东西被分享后虽然变少了，但是由此得到的快乐却是无穷的。东西还可以再有，但是快乐失去了就再也回不来了。

但有很多人却不这么想，他们觉得在自己的世界里面，只要过得开心就可以了，他们觉得，只要自己幸福快乐，那么一切都会变得幸福了。不过事实并非如此，只有学会了把快乐和别人分享，才会更加快乐。

我们一起来看看下面这个故事：

清朝的大贪官和珅除了爱财，也很好色，家里娶了十六房姨太太，可是他还是不满足。

有一天，他走在街上又看见一位年轻美貌的女子，和珅又动起了歪心思，花重金请了个媒婆，让他为自己说媒。

由于和珅的名声在外，女子的家人不敢得罪和珅，而且觉得女儿嫁入和府自己也有面子，就答应了媒婆，同意了女儿嫁给和珅。

和珅的原配夫人非常不高兴，但是却没有办法，整天闷闷不乐。

这件事传到纪晓岚耳朵里，纪晓岚当时一笑，想到了让和珅难受的办法。

纪晓岚先让自己府里的一个丫鬟逐渐接近和珅的原配，等和夫人混熟了，就把惩治和珅的办法告诉了这个丫鬟。这个丫鬟按照纪晓岚给他出的主意，告诉了和夫人，和夫人听了，将信将疑。

之后，和夫人就换上了诰命夫人的官服来到皇宫面见乾隆皇帝，向乾隆诉说了这件事。乾隆忙于公务，当然不会管这些小事，但是听和夫人说完，皇上觉得非常有趣，就答应了她的请求。

当天，皇上传召和珅，告诉和珅，你要纳妾可以，但是你却不能说出去，也不能带着你的小妾一起出去，不许让别人知道你和她的关系，否则就是抗旨。

和珅听了虽然不理解皇上的意思，但是也没多想，觉得无所谓。

就这样，和珅如期将小妾迎进门。第二天一早，和珅就想带着这个漂亮的小妾出去炫耀一番，但是却想起皇上的圣旨，只好作罢。

就这样过了两个月之后，和珅终于知道了皇上的用意，自己非常难受。

这个故事的真假我们无从追究，但我们可以通过这个故事看出，虽然自己得到了心爱的东西，但是没有人知道，这就相当于很大的惩罚了。同样的道理，人逢喜事却不能与他人分享自己的快乐，这便是最大的不快乐了。

在生活中，我们就应该向别人敞开自己的心扉，也把自己的快乐和他人分享，同时，也不要拒绝倾听他人的心声。这样一来，在倾诉和被倾听的过程中，我们不知不觉间，就和别人建立起了良好的关系，也增进了友情。

北京大学客座教授翟鸿燊对此感受非常深，他曾经在课堂上说过："让自己快乐，是一种美德；让别人快乐，是一种功德；人际交往，最忌讳的是一脸死相。"

有句话叫：如果你把快乐告诉一个朋友，你将得到两份快乐；而如果你把忧愁向一个朋友倾吐，你将被分掉一半忧愁。

把我们自己的快乐带给别人，把我们自己的笑意留给他人。只有这样，我们才会比别人活得更快乐、充实。否则的话，我们只会缩在自己的小圈子里，永远无法体会到真正的快乐。让我们学会与人分享快乐，善于分享快乐，让分享快乐为每个人点燃一盏心灯！

8. "乐善"方能"乐"

帮助了别人，你也会很快乐。

——徐光宪

（现任北京大学化学系教授，著名的物理化学家、教育家）

常言道："赠人玫瑰，手有余香。"帮助别人有一种成就感，还有助于和周围的人和睦相处，得到别人的喜欢与尊重，自然也感受到满足快乐。

对于快乐，北京大学化学系教授徐光宪说："我相信，人可以掌握自己的生命；快乐是一种相对的情绪，要有一个参考坐标系；快乐不快乐，就看你的坐标原点怎么定。"在徐光宪眼里，“帮助了别人，你也会很快乐”。他把快乐的坐标原点定位在“助人”上，他的人格同时也就定位在了高尚上。

如果把快乐的坐标原点定位在“整人”上，那他的人格定位就偏离了快乐。你一定听到过很多年轻人所谓“找乐”的做法吧：他们相约到某一路段，故意设置些小障碍，使不留心的过路人摔得人仰马翻，他们则因有人“中招”而在一旁哈哈大笑。这种“损人为乐”的恶搞，反映的是怎样无聊空虚的内心世界啊。在这样的年轻人面前，举手之劳的“助人为乐”是多么“难能可贵”！

可见，快乐的坐标怎样定位是何等重要！

然而事实上，只有真正的乐善行为，才能给自己带来真正的快乐以及意外收获。比如，你的帮助给别人带来快乐的同时，自己也能感到快乐，得到尊敬，而这不就是“赠人玫瑰”时手上的“余香”吗？

韩信小的时候家中贫寒，父母双亡。他虽然刻苦读书、拼命习武，却还是无以为生，被生活逼得迫不得已，只好到别人家混饭吃，为此，常遭别人冷眼相待。韩信咽不下这口气，就来到淮水边垂钓，用鱼换饭吃，经常吃了这顿没下顿的，饥一顿饱一顿地生活。

淮水边上有个为人家漂洗纱絮的老妇人，人称“漂母”，她看见韩信可怜，就常常把自己的饭菜分给他吃。并且天天如此，从来没有间断过。韩信深受感动，他感激地对漂母说：“您真像我逝去的母亲，我将来一定报答您。”

漂母生气地说：“谁要你报答！我是可怜你啊，好男儿志在四方，可你连肚子都混不饱。我只希望你活得像个顶天立地的男人。”漂母的话像一声惊雷震撼了韩信，他收拾起宝剑兵书投军。

后来，功成名就后的韩信被封为淮阴侯，他始终没忘漂母的一饭之恩，于是派人四处寻找，最后携带千金想赠送给漂母。

“我不能收你这么贵重的礼物，”漂母说，“我没有要你报答我。”

韩信诚恳地说：“在我最饥饿最穷困的时候，您给我吃的；在我最彷徨最无助的时候，您教诲了我。是您让我有了今天的成就！您曾经教育我做一个好男儿，好男儿就要信守诺言，这也是您的教诲啊！您不要我的报答，等于让我食言啊！我怎么能做那样的事！”

品德高尚的漂母，让人尊敬，她施恩不图报的思想，更是让人钦佩。

古人的事例就像一面镜子，我们不但要学会感恩，而且还要学会在帮助别人之后，不求回报。任何一个人，如果这样做，哪怕仅是做了自己举手之劳的事，只要能给别人带来帮助，就会让我们的生活因你我的互相关爱而变得更加幸福。

北齐时，有个叫李士谦的人，家庭非常富有，虽然他很崇尚节俭，但为人非常慷慨，经常周济老百姓。有一年闹春荒，许多人家粮食不够吃，李士谦就从自己家拿出一万石粮食给了乡里的缺粮户。

到了秋天收获季节，因为年成不好，庄稼歉收。借了粮的人无法偿还，纷纷到李士谦家，求他延期偿还。李士谦对大家说：“我借粮给你们是为了帮大家度过饥荒，本来就不是为了求利。既然今年收成不好，借的粮食就不用还了。”并且，他还请来一些欠粮的人到家里吃饭，怕大家不放心，在吃饭时当着大家的面把全部借据烧毁了。

第二年风调雨顺，粮食丰收了，许多人自发地挑粮来还，李士谦坚决不收，还粮的人只好又挑了回去。李士谦乐善好施30年，去世时，他的居住地赵州一带，万人空巷，有近两万人为他送葬，哭声懲天动地。

帮助别人不是一种责任，没有人会强求，但是帮助别人是一种快乐。当你向别人伸出援助之手时，我们的生活就会多了温情，少了不和谐，你就能体验到爱别人和被别人爱的快乐。

为别人，更为自己，再多些善行善举吧，世界会因你的善行而更有温情，你的人生会因你的善举而更加完美。

9. 与人为善天地宽

你要包容那些意见跟你不同的人，这样日子比较好过，你要是一直想改变他，那样子你会很痛苦。

——海子

（毕业于北京大学，著名诗人）

俗话说：德人即德己，善待他人其实就是善待自己。只有与人为善，才能拓展自己的心灵天地。

正如歌中唱的："只要人人都献出一点爱，世界将变成美好的人间。"而爱心则来源于人善良的本性。只有心地善良的人，才能与人为善。"与人为善"这个词出自《孟子·公孙丑上》，其本意是汲取别人的优点，与他人同做善事。后来它的语意有了引申和发展，指的是以善意的态度对待和帮助他人。仔细想来，"与人为善"含有三层意思：

首先要宽容大度。即事事处处为他人着想，胸襟宽阔，豁达大度，不计小怨。当与他人发生冲突时，要有包容之心，多检查自己，少责怪他人，即使是别人错了，也不要得理不饶人，针锋相对，硬要争个输赢，弄到反目成仇，处处树敌；当自己因误解和诬陷而受到委屈时，要自我劝解，忍辱负重，委曲求全，让时间去澄清事实，不要暴跳如雷，怒发冲冠，大吵大闹，兴师问罪；当有人做了对不起你的事、甚至伤害了你时，不要耿耿于怀，以牙还牙，挟嫌报复，而应容人之过，谅人之失，捐弃前嫌，以德报怨，主动拆掉心中的围墙，消除彼此之间的怨恨，化消极为积极，化冲突为和睦，化对手为朋友。做到和睦相处，团结共事。比如下面的这个故事：

东汉时的司马徽是一位心地善良的知名学者。

有一天，邻居家迷失了一头猪，由于司马徽家有头猪和他走失的猪很相似，就误认为是他家的。司马徽也不争辩，就说："是你的你就拿去。"

邻居毫不客气地把猪赶回家。过了一些日子，邻居从其他地方找到了自己的猪，很惭愧地把误认的猪送还司马徽。司马徽不但没责怪他，而是说邻里间发生这些误会不奇怪，还称赞他知错能改、懂道理。邻居听了非常感动。后来司马徽被人们尊称为"水镜先生"，这是对他清雅、纯明品性的赞扬。

其次是要常怀善意。当见到别人的成绩和进步时，要为之高兴，扬人之善。并见贤思齐，虚心向别人学习，取人之长，补己之短。当见到别人的缺点和错误时，要以善意的态度，真心诚意地予以帮助，使其克服缺点，改正错误，与之共同进步。当遇到自己的利益和别人的利益发生冲突时，要站在别人的角度为人着想，把别人的利益看得更重。

有这样一个故事：

明朝礼部尚书杨翥居住在京城，平日里骑驴上朝或外出。由于驴子非常好使，他很是喜欢，每天回朝，亲自给驴子喂草，细心照料。

杨翥的邻居是一位老头，老来得子，夫妻俩非常高兴。但小孩子有个特点，一听到杨翥的驴子叫，就哇哇地哭个不停，搞得全家人都不得安宁。可是杨翥是朝廷大官，这家人怕得罪杨翥，也不敢向杨翥说这个事。眼瞅着那孩子一听到驴子叫就哭，几天下来，饮食也明显地减少，老两口最终还是把这件事告诉了杨翥。

杨翥听后二话没说，随即就把心爱的驴子卖掉了，从此每逢上朝或外出都靠步行。

再次要乐施善举。要常怀爱心，无私奉献，助人为乐。当别人遇到烦恼和不顺心的事时，要主动亲近，好心劝慰，释人之惑，使其消除烦恼，从苦恼走向欢乐；当别人身处危险时，要解人之危；当别人生活遇到困难或遭遇不幸时，要伸出援助之手，解囊相助，雪中送炭，扶人之困，济人之难，帮助别人点亮心中的明灯，使其渡过难关。

有则故事是这样说的：

婆婆和媳妇的关系很不好，婆婆对媳妇横挑鼻子竖挑眼，甚至不惜调拨儿子和媳妇的关系。媳妇对婆婆不满意，经常在背地里说婆婆的坏话。

有一次，婆婆生病了，正赶上儿子出了远门。媳妇侍候得不耐烦了，于是去找巫婆。她打算向巫婆要一些慢性的毒药，把婆婆慢慢毒死。

巫婆明白了媳妇的来意之后，给她一包自制的毒药，并嘱咐她把毒药放进好吃的饭菜里，面带微笑服侍婆婆吃下。一天三次，服侍得越周到越好，以免婆婆起疑心。半年之后，婆婆就会慢性中毒而死。媳妇高高兴兴地回家了，她按照巫婆的嘱咐，给婆婆做好吃的饭菜，一日三餐，耐心周到地服侍婆婆吃饭喝药。

一个月之后，媳妇又来到巫婆那里。她一进门就哭着给巫婆跪下，说："求您救救我婆婆吧，我不想她死了。"巫婆笑着问她怎么回事。原来媳妇的热心周到让婆婆很感动，婆婆改变了原来的态度，经常夸媳妇又能干又孝顺。她觉得拖累了媳妇，坚持下床帮媳妇做事。媳妇发现原来婆婆并不是那么可恶，是自己错怪了她。她很后悔当初要毒死婆婆，于是来向巫婆要解药。

巫婆告诉她："我给你的本来就不是什么毒药，只是一些帮助消化的杂粮粉而已。真正的药是周到的服务和好吃的饭菜。"

这则故事从另一个角度说明了主动亲近、助人为乐对改善人际关系的巨大作用。我们要真诚地、发自内心地喜欢别人、善待别人。只有这样，当我们善待家人时，就能"善"出一个温馨的家庭；当我们善待他人时，就可以"善"出一个和谐的社会。

善良是生命的黄金，善良是世上稀有的珍珠。那么如何才能培育出一颗"善待众生"的心呢？有位哲人提出了"养心八珍汤"的处方：慈爱心一片，好肚肠二寸，正气三分，宽容四钱，孝顺常想，奉献不拘，老实适量，回报不求。

古代圣人也说与人相交"里仁为美""睦乃四邻"，意思是说一言一事皆须有益于人，便是善人，指出衡量人们做事好坏的原则是以道义为标准。善是人的品格，它并不只存在于学识广、官位高的人身上，人都是有感情的，当你能够以一颗真诚的心来善待他人，同情、关爱和帮助他人，能够设身处地地替别人着想时，别人一定会受到感动，从而与你建立深厚的感情。

而这，就是与人为善天地宽的道理。当一个人做到了"与人为善"，那么，人际关系就会得到改善，生活就会得到安宁，团结就会得到增强。当人人都做到了"与人为善"，那么整个社会风气就会更加清新，世界就能演奏出美妙和谐的乐章。